Publisher: Military History Group, London, United Kingdom.

E-Mail: milhisgroup@gmail.com

Print: Lulu Press, Inc., Lulu Press, Inc. 627 Davis Drive Suite 300 Morrisville, NC 27560, USA. Massachusetts, US; Wisconsin, US; Ontario, Canada; Île-de-France, France; Wielkopolska, Poland; Cambridgeshire, United Kingdom; Victoria, Australia.

Text © 2023 Bernhard Kast. All Rights reserved.

Cover design by M. Koskela.

Photographs & illustrations © as individually credited.

Any total or partial reproduction, copying, representation, adaptation, modification, or transfer of this book, its content or visuals, whether for commercial or non-commercial purposes, is forbidden without express, prior and written consent by the authors.

Quotations of the book with proper citation (authors, title, page number) are of course allowed.

ISBN 978-1-915453-12-9

http://stug-hdv.de

Inhaltsverzeichnis

Kapitel I: Einführung 2

Vorwort 3

Danksagung 5

Einführung: Ausgewählte Grundbegriffe 6

Kapitel II: H. Dv. 200/2m: Die Sturmbatterie (1942) 10

Anmerkung 11

Vorbemerkung 13

Inhaltsverzeichnis (H. Dv. 200/2m: Die Sturmbatterie) 14

Einzelausbildung 17

Verbandsausbildung 36

Anhang 1: Anweisung für den Funkverkehr 89

Anhang 2: Kraftfahrtechnische Bestimmungen 101

Anhang 3: Maßnahmen der bei besonderen Vorkommnissen 118

Anhang 4: Führungszeichen 124

Kapitel III: Ergänzende Dokumente 134

Ergänzung 1: Richtlinien für den Einsatz von Sturmgeschütz-Einheiten (1942) 135

Ergänzung 2: Auszüge aus Vorschriften zur Panzerbekämpfung (1943) 151

Ergänzung 3: Mansteins Denkschrift & Antwort 157

Kapitel IV: Glossar & Bibliographie 164

Glossar 165

Fahrzeug(klassen)verzeichnis 201

Bibliographie 211

KAPITEL I
Einführung

Vorwort

In dieser Edition sind die wichtigsten Originaltexte zum Einsatz einer Sturmgeschütz-Batterie[1] im Zweiten Weltkrieg gesammelt und aufgearbeitet. Dabei wurde darauf geachtet das entsprechende Fachbegriffe erläutert und gleichzeitig die Originaltexte in unveränderter Form zu präsentieren. Dies hat zum Teil zur Folge das auch nachweisliche Fehler im Text beibehalten wurden. Sie sind durch Fußnoten gekennzeichnet und erläutert.

Das jeweilige Format der Originaldokumente wurde in dieser Edition meist beibehalten. Aus Formatierungs- und Verständnisgründen gibt es vereinzelt Ausnahmen, die hier kurz erläutert werden. Um Formatierungsfehler zu vermeiden, wurden Worttrennungen mit Bindestrichen nur in den Fällen beibehalten, in denen ein Seitenumbruch erfolgt. Gleichzeitig wurden, um die Aufteilung des Textes zu verbessern, einige Worttrennungen hinzugefügt. Dies beschränkt sich meist auf die tabellarischen Auflistungen. Im Glossar entsprechen Zitate aus anderen Dokumenten in der Regel nicht ihrer ursprünglichen Formatierung. Da die Originaltexte aus den 1930er und 1940er Jahren stammen, finden sich vereinzelt Wörter, die nach heutiger Rechtschreibung anders geschrieben werden. Damals war es auch üblich statt einem Bindestrich ein „=" Zeichen zu benutzen. In dieser Edition wurde aus Verständnisgründen dieses Detail nicht übernommen und das „=" durch „-" ersetzt.

Die Texte der *H. Dv. 200/2m: Die Sturmgeschützbatterie* von September 1942 sowie die *Richtlinien für den Einsatz der Sturmgeschütze* waren, von einigen Ausnahmen abgesehen, in Fraktur gedruckt. Die Frakturschrift wurde aus Gründen der Lesbarkeit weder im Text noch in den Abbildungen beibehalten. Deutschland stellte 1940/41 von der Fraktur auf ein reguläres lateinisches Alphabet um und verbot die Fraktur sogar ganz.[2] Dieser Prozess hat einige Zeit gedauert, bis er abgeschlossen war. Dementsprechend erschienen auch noch spätere Publikationen in Fraktur.

Um die Benutzerfreundlichkeit und Auffindung von Originalzitaten zu vereinfachen, wurden in den Fußnoten explizit auf „Ebenda" als auch auf Kurzzitate verzichtet.

---

[1] Eine Batterie ist eine militärische Einheit der Waffengattung Artillerie und entspricht einer Kompanie bei der Panzertruppe oder Infanterie. Siehe hierzu: Einführung: Ausgewählte Grundbegriffe.

[2] Koop, Andreas: *NSCI – Das visuelle Erscheinungsbild der Nationalsozialisten 1920-1945*. verlag hermann schmidt: Mainz, 2017, S. 97-105.

Wie schon angemerkt wurden nachweisliche Fehler oder uneinheitliche Begriffe beibehalten. Dies ist insbesondere bei der Marschgliederung und der Gefechtsgliederung einer Sturmgeschütz-Batterie relevant. Bei der Marschgliederung findet sich der Begriff „Panzerfahrer" für den Fahrer des Sturmgeschützes, bei der Gefechtsgliederung wird er jedoch als „Sturmgeschützfahrer" bezeichnet. Ein weiterer Fehler scheint bei jeweiligen Grafiken die Beschriftung mit „Sd.-Kfz. 230/6" zu sein. Nähere Informationen dazu finden sich im Fahrzeug(klassen)verzeichnis. Bei den Grafiken war es nötig leichte Anpassungen in Größe und Kontrast durchzuführen, um die Lesbarkeit zu gewährleisten.

Der Text ist mit Fußnoten ergänzt, die Abkürzungen sowie relevante Aspekte oder Begriffe erläutern. Bei Bedarf wird auch auf das Glossar verwiesen. Ziel war es, so weit wie möglich zeitgenössische Quellen als Basis für das Glossar und die Anmerkungen zu verwenden. Des Weiteren muss darauf hingewiesen werden, dass es bei vereinzelten Begriffen zu Missverständnissen kommen kann. Einige Begriffe und Abkürzungen wurden sowohl in der Wehrmacht als auch in der Bundeswehr genutzt, aber die Bedeutung stimmt in manchen Fällen nicht überein. Ein Klassiker ist hierbei die Abkürzung „H. Dv.", die in der Wehrmacht Heeres**druck**vorschrift, in der Bundeswehr allerdings Heeres**dienst**vorschrift[3] bedeutet(e).[4] Die Fußnoten folgen auch dem Prinzip, lieber eine Fußnote zu viel als eine zu wenig. Konkret bedeutet dies, dass Begriffe und Abkürzungen nicht nur bei der erstmaligen Erwähnung mit einer Fußnote versehen sind, sondern über die ganze Edition hinweg. Dies vereinfacht auch, zum Beispiel bei einer Zweitlesung, das Nachschlagen in den jeweiligen Kapiteln.

Ich wünsche Ihnen viel Spaß bei der Lektüre.

Bernhard Kast

---

[3] Es sei hier angemerkt, dass auch in der Wehrmacht „H. Dv." in manchen Fällen als Heeresdienstvorschrift bezeichnet wurde. Als Beispiel für die (Un)Einheitlichkeit von Begriffen siehe hierzu im Glossar: Batteriechef / Kompaniechef.

[4] Zu Dienstvorschriften in der Wehrmacht und darüber hinaus, siehe Sigg, Marco: *Der Unterführer als Feldherr im Taschenformat. Theorie und Praxis der Auftragstaktik im deutschen Heer 1869 bis 1945*. Schöningh: Paderborn, 2014, S. 54-173.

Danksagung

Großer Dank an Christoph Bergs für die Korrekturlesung und die vielen hilfreichen Anregungen. Dank geht an Jens Wehner, Leo Niehorster, Roman Töppel und Eric Strohmeier-Wimmer für die Beantwortung diverser Fragen und hilfreicher Kommentare. Danke an das Forum Wehrgeschichte Oberösterreich für die Bereitstellung von Objekten aus der Sammlung. Danke an M. Koskela für die Nachbearbeitung diverser Bilder und die Ausarbeitung des Titelbildes.

Besonderer Dank an die Unterstützer und Teilnehmer der Panzerkonferenz 2022 im Bayerischen Armeemuseum Ingolstadt sowie den Unterstützern meiner YouTube Kanäle Military History (not) Visualized.

Einführung: Ausgewählte Grundbegriffe

Um das Verständnis dieser Edition beim Lesen zu erleichtern, ist es hilfreich sich mit einigen zentralen Aspekten und Begriffen vertraut zu machen. Weiterführende Details und Begriffserläuterungen befinden sich im Glossar.

Batterie, die Kompanie der Artillerie?

Im Bereich der militärischen Organisation gibt es Begriffe, die sich zum Teil zwischen den verschiedenen Waffengattungen unterscheiden. Die tabellarische Auflistung (Tabelle 1) soll hierbei behilflich sein, die jeweiligen militärischen Einheits- bzw. Verbandstypen der Waffengattungen Infanterie, Artillerie und Panzer im Vergleich zu sehen.

Üblicherweise setzte sich eine höhere Ebene aus mehreren Einheiten der darunterliegenden Ebene zusammen. So bestand zum Beispiel eine Kompanie meist aus 2-4 Zügen. Natürlich gab es hierbei Ausnahmen, wie zum Beispiel bei den Brigaden, wo es vorkommen konnte, dass einer Brigade nur ein einziges Regiment untergeordnet war. Ebenso war die Brigade in der Wehrmacht relativ selten, dementsprechend ist es auch möglich, dass eine Ebene gänzlich fehlte und kleinere Einheiten/Verbände einem zweifach übergeordneten Verband unterstellt waren.

Infanterie	Artillerie	Panzertruppe
Zug	Zug	Zug
Kompanie	Batterie	Kompanie
Bataillon	Abteilung	Abteilung
Regiment	Regiment	Regiment
Brigade	Brigade	Brigade
Division	Division	Division

Tabelle 1: Vergleich der Truppenteilbezeichnungen der Waffengattungen Infanterie, Artillerie und Panzer.

Obwohl sie die generellen Grundzüge der Einheitsorganisation darstellt, ist diese Tabelle mit Vorsicht zu genießen. Zum Beispiel hatte eine Sturmgeschütz-Batterie üblicherweise eine wesentlich geringere Anzahl an Sturmgeschützen als eine Panzer-Kompanie Panzer. Dies wird im nächsten Abschnitt weiterführend erläutert.

Vergleich zwischen Sturmgeschütz-Batterien und Panzer-Kompanien

Die Gliederung der Sturmgeschütz-Batterie für die Vorschrift H. Dv. 200/2m: Die Sturmgeschützbatterie vom September 1942 bestand aus 3 Zügen mit je 2 Sturmgeschützen, sowie 1 Sturmgeschütz für den Batteriechef[5] im Batterie-Trupp, also 7 Sturmgeschützen. Zum Vergleich, bei der Panzerwaffe bestand eine mittlere Panzer-Kompanie ab Herbst 1941 aus 14 Panzer IV und 5 Panzer II, also 19 Panzern.[6] Bei der leichten Panzer-Kompanie war der Unterschied noch größer mit 17 Panzer III und 5 Panzer II, also 22 Panzern.[7] Dementsprechend kann es sehr irreführend sein, eine Sturmgeschütz-Einheit mit einer Panzer-Einheit gleichzusetzen. Gerade die späteren Sturmgeschütz-Brigaden hatten defacto nur Abteilungsstärke, wenn man die Anzahl der gepanzerten Fahrzeuge betrachtet. Die Anzahl der Fahrzeuge war also bei weitem weniger als der Einheits-/Verbandstyp suggerierte, da einer Brigade üblicherweise mindestens ein Regiment unterstellt war und ein Regiment üblicherweise aus mindestens 2 Abteilungen bestand.

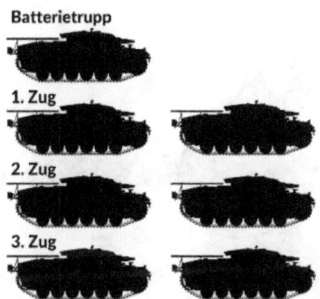

Abbildung 1: Sturmgeschütz-Batterie (KStN[8] 446 (1.11.1941)).

---

[5] Siehe Glossar: Batteriechef.
[6] Jentz, Thomas L.: *Panzertruppen 1 – The Complete Guide to the Creation & Combat Employment of Germany's Tank Force – 1933-1942*. Schiffer Military History: Atglen, USA, 1996, p. 218.
[7] Jentz, Thomas L.: *Panzertruppen 1 – The Complete Guide to the Creation & Combat Employment of Germany's Tank Force – 1933-1942*. Schiffer Military History: Atglen, USA, 1996, p. 217.
[8] Siehe Glossar: Kriegsstärkenachweisung.

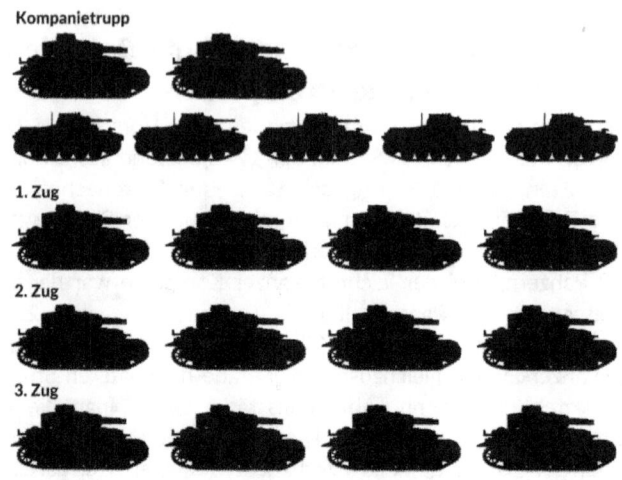

Abbildung 2: Mittlere Panzer-Kompanie (KStN 1175 (1.11.1941)).

Abbildung 3: Leichte Panzer-Kompanie (KStN 1171 (1.11.1941)).

Über den Lauf des Krieges veränderte sich die Größe der Panzer-Kompanien aber auch der Sturmgeschütz-Batterien. Generell gilt jedoch bis Herbst 1944, dass eine Panzer-Kompanie größer als eine Sturmgeschütz-Batterie war. Ab Herbst 1944 veränderte sich die Gliederungen der Panzer-Kompanien, wobei

Sollstärken von 10, 14 und 17 Panzern eingeführt wurden.[9] In diesem Zeitraum wurde auch eine Gliederung für eine Sturmgeschütz-Batterie eingeführt, welche aus 14 Geschützen bestand.[10] Die Iststärke der Einheiten/Verbände konnten stark von der Sollstärke abweichen.

Vergleich der Dienstgrade und Dienststellungen Sturmartillerie und Panzertruppe

Neben den Abweichungen in den Bezeichnungen der jeweiligen Einheitstypen, wichen bei den verschiedenen Waffengattungen die Dienststellungen voneinander ab. Ein paar Unterschiede in den Bezeichnungen der Sturmartillerie und Panzertruppe werden hier angeführt.

Allgemeine Beschreibung	Sturmartillerie	Panzertruppe
Fahrzeugkommandant	Geschützführer	Panzerführer
Bediener des Hauptwaffe	Richtkanonier	Richtschütze
Lader der Hauptwaffe	Ladekanonier	Ladeschütze
Fahrer	Sturmgeschützfahrer	Panzerfahrer

Tabelle 2: Dienststellung Sturmartillerie und Panzertruppe.

Bei den Dienstgraden sei angemerkt, dass bei der Infanterie der niedrigste Rang Schütze war, bei der Artillerie war es der Kanonier und bei der Panzertruppe der Panzerschütze.

---

[9] Kriegsstärkenachweisung 1177 (fG) (1.11.1944) Panzerkompanie „Panther" oder „IV" (freie Gliederung). Siehe Glossar: Kriegsstärkenachweisung.

[10] Kriegsstärkenachweisung 446 (1.6.1944) Sturmgeschützbatterie (mot) (zu 14 Geschützen). Siehe Glossar: Kriegsstärkenachweisung.

KAPITEL II
H. Dv. 200/2m: Die Sturmbatterie (1942)

Anmerkung

Bei dem folgenden Text handelt es sich um eine Transkription der *H. Dv. 200/2m: Die Sturmgeschützbatterie* von 7. September 1942.[11] Die vorherige Ausgabe kann neben dem Erscheinungsdatum auch durch ihren anderen Titel identifiziert werden: *H. Dv. 200/2m Ausbildungsvorschrift für die Artillerie. Heft 2m: Vorläufige Ausbildungsanweisung für die Sturmbatterie* vom 24. August 1940.[12]

Die Transkription behält die originale Seitenaufteilung der *H. Dv. 200/2m* bei. In diesem Abschnitt entspricht jede Seite einer Seite im Original. Die Formatierung wurde zum Großteil beibehalten, jedoch gibt es diverse Abweichungen zum Beispiel waren die Überschriften zwischen dem Hauptteil und den Anhängen im Original unterschiedlich, hierbei wurde eine leichte Vereinheitlichung in dieser Version durchgeführt.

Stempel von Archiven, Behörden usw. wurden bewusst ausgelassen. Ebenso gab es auf mehreren Seiten am unteren Ende den Text „Ausbildungsvorschrift f. d. Artillerie. Heft 2 m." gefolgt von einer Ziffer, diese Textstellen wurden ebenso ausgelassen. Die Seitenzahl oben links bzw. rechts wurden nicht übernommen. Die Originalseitenzahl kann bei Bedarf mittels des Inhaltsverzeichnisses sehr schnell ermittelt werden.

---

[11] BArch, RH 1/1139: Chef der Heeresleitung/Oberbefehlshaber des Heeres/Veröffentlichungen/Heeres-Druckvorschriften: *H. Dv. 200/2m Ausbildungsvorschrift für die Artillerie. Heft 2m: Die Sturmgeschützbatterie*, 07.09.1942.

[12] BArch, RH 1/1138: Chef der Heeresleitung/Oberbefehlshaber des Heeres/Veröffentlichungen/Heeres-Druckvorschriften: *H. Dv. 200/2m Ausbildungsvorschrift für die Artillerie. Heft 2m: Vorläufige Ausbildungsanweisung für die Sturmbatterie*, 24.08.1940.

Oberkommando des Heeres
Generalstab des Heeres
General der Artillerie[13]
(I b) Nr. 4760/42

H. Qu.[14] O. K. H.[15], den 7. 9. 42

Der Entwurf H. Dv. 200/2m „Die Sturmgeschützbatterie" wird genehmigt.

Mit Ausgabe dieser H. Dv. tritt die H. Dv. 200/2m „Vorläufige Ausbildungsanweisung für die Sturmbatterie vom 24. 8. 40" außer Kraft.

I. A.
Blumentritt.

---

[13] Siehe Glossar: General der Artillerie.
[14] Hauptquartier.
[15] Oberkommando des Heeres.

Vorbemerkung.

Ergänzend zu dieser Vorschrift gelten:
1. Anhang 2 zur H. Dv. 1 a Seite 27 a lfd. Nr. 39 Merkblätter für Artillerie Nr. 34 vom 27.4. 1942 „Richtlinien für den Einsatz der Sturmgeschütz-Einheiten".[16]
2. Anhang zum Merkblatt für Artillerie Nr. 34 vom 30. 8. 42.[17]
3. Anhang 2 zur H. Dv. 1 a Seite 43 a lfd. Nr. 20 „Vorläufige Bedienungsanweisung für die Sturmkanone 40" vom 1. Juli 1942.[18]

Diese Anhänge sind in die H. Dv. 200/2m einzulegen.

---

[16] Dieses Merkblatt ist in Ergänzung 1 enthalten.
[17] Der Anhang ist in Ergänzung 1 enthalten.
[18] Diese Vorschrift konnte leider nicht ausfindig gemacht werden.

Inhaltsverzeichnis.

A. Einzelausbildung.

		Ziffer	Seite
I.	Allgemeines	1-13	1
II.	Ausbildung am Sturmgeschütz und Munitionspanzerwagen	14-28	3
	A. Zusammensetzung und Auf- und Absitzen der Bedienung des Sturmgeschützes	14-17	3
	B. Herstellen der Gefechtsbereitschaft des Sturmgeschützes	18,19	7
	C. Richten und Richtverfahren	20	8
	D. Feuereröffnung	21	9
	E. Beendigung des Feuers	22	10
	F. Entfernungsschätzen	23, 24	10
	G. Zusammensetzung und Auf- und Absitzen der Bedienung des Munitionspanzerkraftwagens	25, 26	11
	H. Herstellen der Gefechtsbereitschaft des Muntionspanzerkraftwagens	27	13
	J.[19] Tätigkeit an der Munition	28	14
III.	Ausbildung als Kraftfahrer	29-40	14
	A. Allgemeines	29-34	14
	B. Der Sturmgeschützfahrer	35	16
	C. Der Kradmelder[20]	36-39	16
	D. Der Pkw.-, Lkw.- und Zgkw.[21]-Fahrer	40	17
IV.	Ausbildung im Infanteriedienst	41	18
V.	Ausbildung im Nachrichtendienst	42	18
VI.	Ausbildung im Feldpionierdienst	43	18
VII.	Ausbildung in der Gasabwehr	44, 45	20
VIII.	Ausbildung in den Leibesübungen	46	20
IX.	Ausbildung in den Formen der Parade	47	20

---

[19] „J." wie im Original.
[20] „Krad" ist eine Kurzform für „Kraftrad", ein altes Wort für Motorrad. Siehe Glossar: Krad.
[21] Zugkraftwagen.

B. Verbandsausbildung.

		Ziffer	Seite
I.	Allgemeines	48-59	20
II.	Die Formen der Batterie	60, 61	25
III.	Formales Exerzieren der Batterie	62-99	25
	A. Das Antreten der Batterie	62-66	25
	B. Das Auf- und Absitzen der Batterie	67, 68	25
	C. Die Reihe	69, 70	27
	D. Die Linie	71, 72	28
	E. Die geschlossene Batterie	73, 74	28
	F. Die Batteriekolonne	75, 76	30
	G. Die Marschordnung	77-85	30
	H. Die Exerzierordnung	86	32
	J.[22] Die geöffnete Ordnung	87-89	32
	K. Die Fliegermarschtiefe	90-92	33
	L. Die Ehrenbezeichnungen	93-99	34
IV.	Fahrausbildung im Batterieverband	100-116	35
V.	Einsatz der Sturmgeschützbatterie	117-156	39
	A. Gliederung beim Einsatz	117-124	93[23]
	B. Tätigkeit der Dienstgrade	125-137	40
	a) Der Batteriechef	125-127	40
	b) Der Offizier z. b. V.[24]	128	43
	c) Der Zugführer	129, 130	44
	d) Der Geschützführer	131, 132	45
	e) Der Richtkanonier	133	45
	f) Der Ladekanonier (zugleich Funker)	134	46
	g) Der Verbindungs-Unteroffizier	135	46
	h) Der Führer des Munitionspanzerkraftwagens	136	46
	i) Der Munitions-Unteroffizier	137	47
	C. Der Bereitstellungsraum	138-141	47
	D. Die Sturmausgangsstellung	142-145	49
	E. Die Feuerstellung	146-150	50
	F. Taktische Verwendung	151-156	53

---

[22] „J." wie im Original.
[23] So im Original. Gemeint ist „39".
[24] Offizier zur besonderen Verwendung. Siehe in B. Verbandsausbildung / Einsatz / Dienstgrade.

		Ziffer	Seite
VI.	Richtlinien für das Schießen	157-173	57
	A. Beobachtung	157, 158	57
	B. Zielansprache und Zielanwendung	159-161	57
	C. Feuereröffnung und Einstellen des Feuers	162-166	59
	D. Munitionseinsatz	167-169	60
	E. Schießverfahren	170-173	60
VII.	Nachrichtenverbindungen	174-177	63
VIII.	Späh- und Warndienst	178-182	64
IX.	Flugabwehr	183-193	65
X.	Panzerabwehr	194, 195	68
XI.	Nahverteidigung	196-199	68
XII.	Kommandos, Befehle und Führungszeichen	200-209	69
XIII.	Waffentechnische Bestimmungen	-	71

Anhang	1. Anweisung für den Funkverkehr des Sturmgeschützes	73
-	2. Kraftfahrtechnische Bestimmungen	85
-	3. Maßnahmen der Geschützbedienung bei besonderen Vorkommnissen	102
-	4. Führungszeichen	108

A. Einzelausbildung.

I. Allgemeines.

1. Die Sturmgeschütze sind eine Angriffswaffe und als unmittelbare Begleiter der Infanterie wie diese der feindlichen Waffenwirkung in vorderster Linie ausgesetzt und durch die Weiträumigkeit des Gefechtsfeldes oft auf sich allein gestellt. Ihre Bedienungen werden dadurch zu Einzelkämpfern, die, überlegt und entschlußfreudig handelnd, an entscheidender Stelle die Hauptlast des Kampfes mit der Infanterie gemeinsam tragen.

2. Wertvolles Gerät ist dem Sturmartilleristen in die Hand gegeben, das im Schwerpunkt[25] des Kampfes eingesetzt wird.

Der Erfolg des Infanterieangriffs hängt in hohem Maße von dem richtigen Einsatz und der Tapferkeit ihrer Besatzungen ab! Dies legt der Ausbildung die Verpflichtung auf, bereits in der Auswahl der Geschützbedienungen scharfe Auslese zu halten[26] und sie von Anfang an zum Einzelkämpfer zu erziehen. Das Bewußtsein, an der Kampfentscheidung mitwirken zu können, muß jedem Sturmartilleristen Richtlinie für sein Handeln sein.

3. Die engste Zusammenarbeit mit der Infanterie verlangt von Offizieren, Unteroffizieren und Mannschaften die Kenntnis der infanteristischen Kampfführung und des Zusammenwirkens der schweren Waffen. Taktisches Einfühlungsvermögen und ein klarer Blick für Gunst oder Ungunst des Geländes sind unentbehrliche Voraussetzung.

---

[25] Siehe Glossar: Schwerpunkt.
[26] Der Meme „I didn't choose the StuG Life, the StuG Life chose me." ist wohl doch nicht so falsch.

4. Die gesamte Geschützbedienung ist eine Kampfgemeinschaft, in der Einsatzfähigkeit der Waffe und Leben des einzelnen vom Können aller hohem Maße abhängen.

5. Bei Ausfällen in der Geschützbedienung müssen sich Geschützführer, Richtkanonier und Ladekanonier, gegenseitig ersetzen können. Sie sollen alle den Führerschein für Vollkettenfahrzeuge besitzen. Der Sturmgeschützführer muß in dem Aufgabengebiet der Artilleristen unterwiesen sein.

6. Die Leute der Geschützbedienung müssen den Sturmgeschützfahrer in den einfachsten, technischen Handhabungen unterstützen können. Sie müssen im Nachstellen der Kupplung und Bremsen, im Auswechseln von Kettengliedern und Laufrollen und im Löschen von Bränden ausgebildet sein. Schnelles Verlassen des Geschützes ist von der gesamten Bedienung zu üben.

7. Jeder Mann der Geschützbedienung muß im Gebrauch des Doppelglases[27], Scherenfernrohres[28] und in der Handhabung von M. G., M. P. und Handgranaten ausgebildet sein.

8. Die Ausbildung im Entfernungsschätzen bis 2000 Meter muß einen Grad hoher Vollkommenheit erreichen. Nur hierdurch ist eine Vernichtung des Gegners mit wenigen Schüssen gewährleistet.

9. Ebenso wichtig wie die Beherrschung der Verrichtungen am Geschütz ist sachgemäße Behandlung und Schonung des Geräts und der Munition. Bei besonderen Vorkommnissen und Beschädigungen muß die Besatzung die notwendigen Maßnahmen schnell und zweckmäßig ausführen können.

10. Die Wechselbesatzung soll den Stammbedienungen in nichts nachstehen. Auf ihr kann kein län-

---

[27] Siehe Glossar: Doppelglas / Doppelfernrohr.
[28] Siehe Glossar: Scherenfernrohr.

gerer Dauer des Einsatzes die Hauptlast des Kampfes liegen.

11. Die Kradmelder[29] sind neben dem Funk das wichtigste Führungsmittel der Batterie. In schwierigen Fällen und bei Ausfall der Funkverbindung wird immer auf sie zurückgegriffen. Vor und während der Einzelausbildung ist wiederholt zu prüfen, ob die als Kradmelder vorgesehenen Soldaten den erhöhten Anforderungen entsprechen.

12. Die Sturmgeschützwarte sind für die Erhaltung der Einsatzfähigkeit der Sturmgeschütze und kleinere Reparaturen verantwortlich. Ihre Arbeitszeit wird sich vornehmlich auf die Nacht erstrecken. Die Mot.-Schlosser[30] sind zu ihrer Unterstützung und als Ersatz heranzuziehen.

13. Besatzungen der Trosse, die keine besondere Verwendung haben (2 Kw.-Fahrer[31], Munitionskanoniere usw.), sind eine Reserve, aus der auch Ersatzleute für die Kampfstaffel genommen werden können. Ein gegenseitiger Ersatz nur innerhalb der Kampfstaffeln und Wechselbesatzungswagen führt bald zu zahlenmäßig personeller Erschöpfung.

II. Ausbildung am Sturmgeschütz und Munitionspanzerkraftwagen.

A. Zusammensetzung und Auf- und Absitzen der Bedienung des Sturmgeschützes.

14. Zur Bedienung des Geschützes gehören:

1 Geschützführer,

1 Richtkanonier,

1 Ladekanonier (zugleich Funker),

1 Sturmgeschützfahrer.

---

[29] „Krad" ist eine Kurzform für „Kraftrad", ein altes Wort für Motorrad. Siehe Glossar: Krad.
[30] Motoren-Schlosser.
[31] Kraftwagen-Fahrer.

15. Vor dem Antreten müssen Munition, Maschinengewehre, Maschinenpistolen, Handgranaten, Gasmasken und Brotbeutel an den vorgesehenen Plätzen untergebracht und die Maschinenpistolen geladen und gesichert sein. Die Einsteigluken und Sehschlitze sind geöffnet, beide Antennen sind niedergelegt. Das Geschütz ist in allen seinen Teilen gezurrt, die Mündungskappe aufgesetzt. Der Ladekanonier trägt in der linken, inneren Brusttasche einen Zünderstellschlüssel[32], den er beim Antreten anlegt und am oberen Blusenknopf befestigt. Auf das Kommando: „**An die Fahrzeuge!**" tritt die Bedienung in 2 Schritt Entfernung vor dem Geschütz in der Reihenfolge Geschützführer, Ladekanonier, Richtkanonier, Sturmgeschützführer an (siehe Bild 1).

Folgt dem Kommando: „**An die Fahrzeuge!**" der Befehl: „**Rührt Euch!**", so ist nach der Ausführung zu rühren. Ist vorher „**Stillgestanden!**" kommandiert worden; ist nach der Ausführung des Kommandos stillzustehen.

16. Kommando: „**Batterie aufgesessen!**" oder Befehl. (Zeichen): „**Aufsitzen!**"

Auf das Kommando: „**Batterie!**" steht die Besatzung still.

Auf das Kommando „**— aufgesessen!**" oder auf den Befehl (Zeichen): „**Aufsitzen!**" sitzt die Besatzung beschleunigt auf. Sturmgeschützfahrer, Richtkanonier und Geschützführer machen linksum und laufen in dieser Reihenfolge auf die linke Seite des Geschützes. Es wird in der gleichen Reihenfolge folgendermaßen aufgesessen:

Der Sturmgeschützfahrer setzt den linken Fuß auf die vierte Laufrolle, ergreift mit der linken Hand die vordere Haltevorrichtung für den Rohrwischer, rückt sich mit dem rechten Bein vom Boden ab und erfaßt

---

[32] Der Zünderstellschlüssel diente dazu die Zünder der Geschosse einzustellen, dies war besonders relevant für Sprenggranaten, die mit oder ohne Verzögerung verfeuert werden konnten.

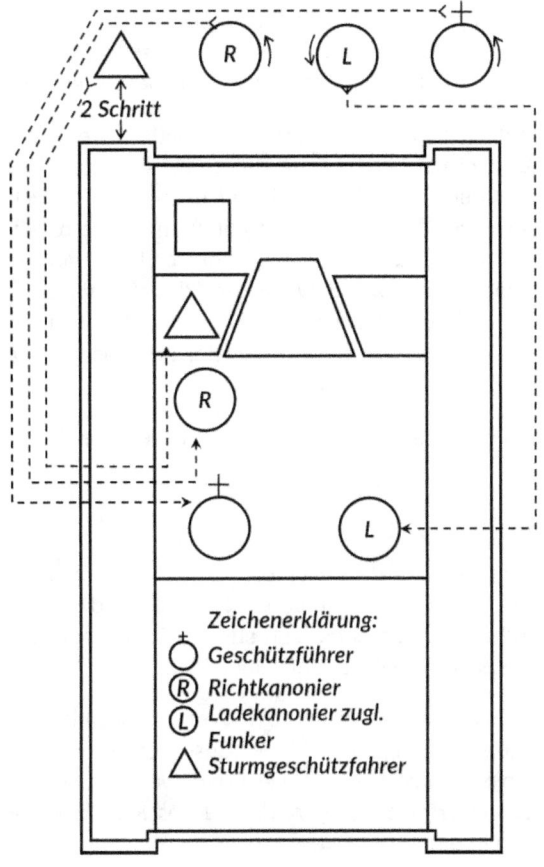

Bild 1.

mit der rechten Hand den äußeren Rand der Einsteigluke. Dann zieht er sich mit kräftigem Schwung nach oben und setzt das rechte Bein auf die Kettenabdeckung. Er zieht das linke Bein nach und erfaßt unter Körperdrehung nach vorn mit der rechten Hand den inneren Rand der Einsteigluke, mit der linken den äußeren. Dann läßt er sich unter Abstützen auf beide Hände hineingleiten und setzt sich auf seinen Platz. Der Richtkanonier und Geschützführer folgen auf demselben Wege. Der Geschützführer bleibt – den Sitz zwischen beiden Knien – stehen. Die Unterarme liegen auf den seitlichen Deckelkanten, die Hände fassen am vorderen Rand des Deckels an, der Blick ist geradeaus.

Der Ladekanonier macht eine Kehrtwendung, läuft hinter dem Geschützführer herum auf die rechte Seite des Fahrzeuges und sitzt hier sinngemäß wie der Sturmgeschützfahrer auf. Er läßt sich, indem er zuerst mit dem linken und dann mit dem rechten Fuß unter Körperdrehung nach vorn auf den hinteren Munitionskasten tritt, unter Abstützen auf beide Hände auf seinen Sitz nieder und schließt die Luke. Die Bewegungen des Sturmgeschützfahrers und Ladekanoniers erfolgen gleichzeitig, die des Richtkanoniers und des Geschützführers nach Freiwerden ihrer Einsteigluke. Nach der Ausführung des Befehls (Zeichen): „**Aufsitzen!**" wird gerührt.

17. Kommando: „**Batterie abgesessen!**" oder Befehl (Zeichen): „**Absitzen!**"

Der Geschützführer gibt das Kommando bzw. den Befehl (Zeichen) an die Besatzung weiter.

Der Geschützführer tritt darauf unter Abstützen auf beide Hände mit dem rechten Fuß auf den hinteren Munitionskasten, setzt den linken Fuß auf den Funkkasten und zieht den rechten Fuß auf die Kettenabdeckung durch. Dann springt er herunter und stellt sich auf seinen Platz.

Der Richtkanonier folgt auf demselben Wege. Der Ladekanonier öffnet die Einsteigluke und sitzt sinngemäß wie der Geschützführer ab. Der Fahrer folgt dem Richtkanonier auf demselben Wege. Die Bewegungen des Geschützführers und Ladekanoniers erfolgen gleichzeitig, die des Richtkanoniers und Fahrers nach Freiwerden ihrer Einsteigluke.

Nach dem Absitzen wird stillgestanden. Nach der Durchführung des Befehls (Zeichen) **„Absitzen!"** wird gerührt.

B. Herstellen der Gefechtsbereitschaft des Sturmgeschützes.

18. Auf das Kommando: **„Gefechtsbereitschaft!"** setzt der Geschützführer das Scherenfernrohr[33] ein, klappt die erste Antenne hoch, geht mit dem Funkgerät auf Empfang, wenn nicht schon vorher Funkbereitschaft befohlen war, und setzt den Doppelfernhörer auf.

Der Richtkanonier entfernt den Aufsatzüberzug und legt ihn hinter den Fahrersitz, setzt das Selbstfahrlafettenzielfernrohr ein und öffnet den Deckel über dem Selbstfahrlafettenzielfernrohr. Dann prüft er in Verbindung mit dem Ladekanonier die elektrische Abfeuerung auf Haupt- und Notbatterie durch Betätigung des Abzuges bis zum Aufleuchten der Kontrolllampe.

Der Ladekanonier klappt die zweite Antenne hoch, entfernt die Mündungskappe und den Verschlußüberzug und übergibt sie dem Richtkanonier, der sie hinter den Fahrersitz legt. Er entsichert, öffnet mit der linken Hand den Verschluß und überzeugt sich davon, daß das Rohr frei ist. Dann schließt er den Verschluß, indem er mit der linken Hand den Gehäusegriff etwas zurückzieht und gleichzeitig mit der rechten Hand den Druckhebel der Auswerferwelle anhebt, worauf die Auswerferhaken ausrasten und sich der Verschluß nach Loslassen des Gehäusegriffes selbsttätig schließt. Er prüft in Verbindung mit dem Richtkanonier die elektrische Abfeuerung durch Schalten auf Haupt- und Notbatterie und stellt dann den elektrischen Sicher-

---

[33] Siehe Glossar: Scherenfernrohr.

heitsschalter durch Druck auf den Schaltknopf „Sicher". Dann schiebt er den Rohrrücklaufzeiger nach vorn.

19. Auf das Kommando: **„Klar zum Gefecht!"** setzt sich der Geschützführer und beobachtet, soweit notwendig, durch das Scherenfernrohr[34].

Der Richtkanonier entzurrt Seiten- und Höhenrichtmaschine.

Der Sturmgeschützführer schließt die Sehschlitze und klappt die beiden Ausblickstutzen der Fahreroptik nach unten zusammen.

Auf das Kommando: **„Gefechtsbereitschaft beendet!"** verfährt die Besatzung in umgekehrter Reihenfolge. Ist das Geschütz geladen, wird auf Befehl des Geschützführers entladen, der Ladekanonier meldet: **„Entladen! Rohr leer!"**

C. Richten und Richtverfahren.

20. Das Sturmgeschütz ist gerichtet, wenn

   a) die Entfernung auf der Aufsatztrommel richtig eingestellt ist,
   b) die Radstandslibelle[35] einspielt und
   c) die obere Spitze des mittleren Dreiecks im Selbstfahrlafettenzielfernrohr die Mitte des Zieles von unten berührt.

Zur Ausschaltung von Justierfehlern kann der Richtkanonier nach Anweisung eines der rechten oder linken Dreiecke wählen. Auf das Kommando: **„Höher!"** wird die obere Hälfte des Zieles, auf **„Tiefer!"** die untere Hälfte des Zieles angerichtet. Dadurch ist die Möglichkeit einer weiteren Entfernungsbeurteilung zur Erzielung eines Volltreffers gegeben. Bei Zielen in Bewegung ist dauernd mit Höhe und

---

[34] Siehe Glossar: Scherenfernrohr.
[35] Eine Libelle ist eine durchsichtige Röhre, welche mit einer Flüssigkeit gefüllt ist und eine Luft-/Gasblase enthält, sie wird genutzt um die horizontale und/oder vertikale Lage zu ermitteln. Häufig sind Libellen in Wasserwaagen zu finden. Siehe zum Beispiel: Deutsch, Fr. W.: *Waffenlehre. Kurzgefaßtes Lehr- und Nachschlagebuch der neuzeitlichen Bewaffnung.* Zweite, völlig neubearbeitete und erweiterte Auflage. Verlag E. S. Mittler & Sohn: Berlin, 1939, S. 95-96.

Seite zu folgen. Bei der Bekämpfung von Panzerkampfwagen ist der seitlichen Bewegung im Kommando, z. B. „**2 Zielbreiten vorhalten!**", Rechnung zu tragen.

Bei der ersten Richtung muß das Rohr wegen des geringen Seitenrichtfeldes (210 Strich nach jeder Seite) möglichst in der Mitte stehen.

Das Ziel muß kurz und klar bezeichnet werden können. Ist dies nicht möglich, richtet der Geschützführer selbst an.

Reicht das Seitenrichtfeld nicht aus, so bekommt der Sturmgeschützführer den Befehl (Zeichen): „**Rechts anziehen! (links anziehen!) — Halt!**"

Dazu ist weiches Lenken in mehreren kurzen Schlägen notwendig, damit der Geschützführer das Ziel nicht aus dem Scherenfernrohr[36] verliert und dem Richtkanonier eine leichtere Zielauffassung ermöglicht wird.

D. Feuereröffnung.

21. Auf das Kommando: „**Aufschlag!**" („**mit Verzögerung!**"), „**Panzergranate!**" oder „**Nebelgranate!**" öffnet der Ladekanonier mit der linken Hand den Verschluß, nimmt das befohlene Geschoß und legt es mit beiden Händen in das Ladeloch. Dann stößt er die Patrone mit geschlossener linker Faust mit kräftigem Schwung in das Rohr, worauf sich der Verschluß selbsttätig schließt. Dann drückt er mit dem linken Daumen den Schaltknopf des elektrischen Sicherheitsschalters auf „Feuer" und meldet: „**Geladen!**"

Auf das Kommando: „**Aufschlag! Geradeaus M. G. an der linken Buschkante! 500! Feuer frei!**" stellt der Richtkanonier das Kommando ein, richtet und löst den Schuß durch Betätigung der elektrischen Ab-

---

[36] Siehe Glossar: Scherenfernrohr.

feuerung aus. Beim Abfeuern bleibt er zur Beobachtung des Schusses mit dem Auge am Selbstfahrlafettenzielfernrohr.

Der Geschützführer beobachtet den Schuß durch das Scherenfernrohr[37] und befiehlt eine etwa notwendig werdende Verbesserung. Nach dem neuen Kommando feuert der Richtkanonier selbständig weiter.

Der Ladekanonier lädt nach jedem Schuß, stellt den Sicherheitsschalter auf „Feuer" und beobachtet ständig den Rohrrücklaufanzeiger. Erreicht dieser die Marke „Feuerpause", unterbricht er beim Schießen im Frieden seine Tätigkeit und meldet: **„Feuerpause!"** Im Krieg muß weitergeschossen werden, wenn die Lage eine Feuerunterbrechung bzw. ein Zurücknehmen des Sturmgeschützes in Deckung verbietet.

E. Beendigung des Feuers.

22. Auf das Kommando: **„H—a—lt!"** wird jede Feuertätigkeit unterbrochen. Auf das Kommando: **„Entladen!"** schaltet der Ladekanonier den elektrischen Sicherheitsschalter auf „Sicher". Dann öffnet er mit der linken Hand den Verschluß, entnimmt das Geschoß, steckt es in den Munitionskasten und meldet: **„Entladen! Rohr leer!"**

F. Entfernungsschätzen.

23. Sicheres und schnelles Ermitteln der Entfernungen bildet die Grundlage für gute Feuerwirkung. Entfernungen werden geschätzt oder in Ausnahmefällen von der Karte abgegriffen.

24. Die Ausbildung erfolgt gemäß H. Dv. 240 „Schießvorschrift für Gewehr usw.", Ziff, 369 ff. Der Schwerpunkt der Ausbildung liegt auf den Entfernungen bis 2000 m.

---

[37] Siehe Glossar: Scherenfernrohr.

G. Zusammensetzung und Auf- und Absitzen der Bedienung des Munitionspanzerkraftwagens.

25. Zur Besatzung des Munitionspanzerkampfwagens gehören:

1 Munitionskanonier,

1 Fahrer.

Vor dem Antreten ist die Munition verladen. Die Einsteigluken und Sehschlitze sind geöffnet. Maschinenpistolen, Handgranaten, Pistolen, Gasmasken und Brotbeutel sind an den vorgesehenen Plätzen untergebracht, die Maschinenpistolen geladen und gesichert.

Auf das Kommando: „**An die Fahrzeuge!**" (siehe Bild 2) tritt die Besatzung an das Fahrzeug (siehe auch Ziffer 19).

26. Kommando: „**Batterie — aufgesessen!**" oder Befehl (Zeichen): „**Aufsitzen!**"

Auf das Kommando: „**Batterie**" steht die Bedienung still.

Auf das Kommando: „**— aufgesessen!**" oder auf den Befehl (Zeichen): „**Aufsitzen!**" sitzt die Bedienung beschleunigt auf:

Der Fahrer macht eine Linksum-Wendung und läuft bis in die Höhe seiner Einsteigluke, tritt mit dem linken Fuß in Höhe der ersten Laufrolle auf die Kette, faßt mit der linken Hand in die Luke, zieht sich mit kräftigem Schwung nach oben und tritt mit dem rechten Fuß auf die Kettenabdeckung, die rechte Hand erfaßt den rechten Lukenrand. Dann setzt er das linke Bein auf den Aufbau links neben die Luke und tritt unter Abstützen auf beide Hände mit Front nach vorn auf seinen Sitz. Dann stellt er den Lukendeckel senkrecht und läßt sich auf seinen Sitz gleiten.

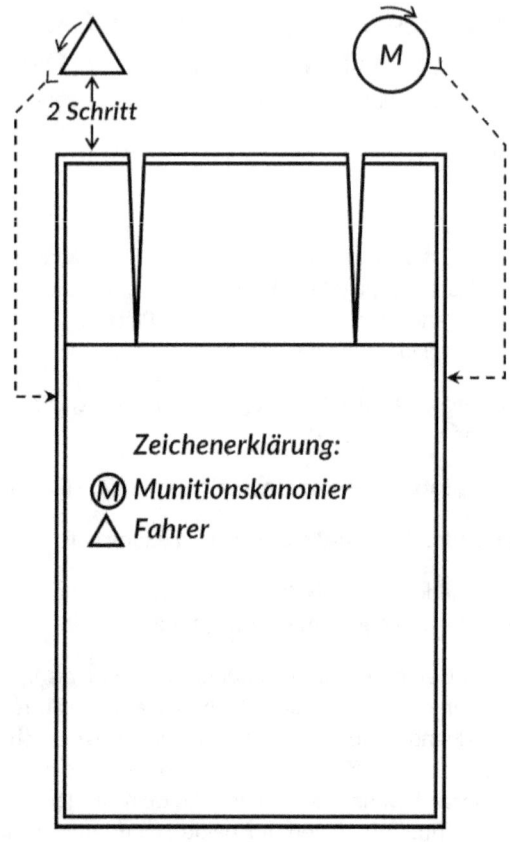

Bild 2.

Die rechte Hand erfaßt den Lukendeckel am Handgriff und schließt ihn.

Der Munitionskanonier macht eine Rechtsum-Wendung und verfährt sinngemäß, jedoch ohne die Luke zu schließen. Er stellt sich auf seinen Sitz, die Unterarme liegen auf den Lukenrändern, der Blick geradeaus.

Nach der Durchführung des Befehls (Zeichen): **„Aufsitzen!"** wird gerührt. Kommando: **„Batterie - abgesessen!"** oder Befehl (Zeichen): **„Absitzen!"**

Die Bedienung sitzt beschleunigt ab. Der Fahrer öffnet die Luke, legt die Unterarme auf die Lukenränder und stemmt sich unter gleichzeitigem Abdrücken der Füße nach oben rückwärts in den Sitz auf den Lukendeckel. Er greift mit den Händen auf die Ränder des Lukendeckels und schwingt sich mit angehockten Beinen aus der Einsteigluke nach links heraus in den Sitz. Dann greift er mit beiden Händen beiderseits der Oberschenkel auf die Aufbaukante, springt ab und begibt sich auf seinen Platz.

Der Munitionskanonier verfährt sinngemäß.

Nach dem Absitzen wird stillgestanden.

Nach der Ausführung des Befehls (Zeichens): „**Absitzen!**" wird gerührt.

H. Herstellen der Gefechtsbereitschaft des Munitionspanzerkraftwagens.

27. Auf das Kommando: „**Gefechtsbereitschaft!**" setzt sich der Munitionskanonier und schließt die Einsteigluke. Bei den mit Funkanlagen ausgerüsteten Munitionspanzerkraftwagen werden die Antennen aus der Haltevorrichtung genommen und in den Antennenfuß eingesteckt. Der Munitionskanonier geht mit dem Funkgerät auf Empfang, wenn nicht schon vorher Funkbereitschaft befohlen war.

Auf das Kommando: „**Klar zum Gefecht!**" schließen Munitionskanonier und Fahrer ihre Sehschlitze, beobachten ihr Geschütz und folgen mit Sichtabstand.
Auf das Kommando: „**Gefechtsbereitschaft beendet!**" werden die Tätigkeiten in umgekehrter Reihenfolge ausgeführt.

J.[38] Tätigkeit an der Munition.

28. Geladen wird auf das Kommando: „**Aufschlag!** (mit Verzögerung!)", „**Panzergranate**" oder „**Nebelgranate!**"

Vor dem Laden müssen Geschosse auf die befohlene Zünderstellung gebracht werden.

Bereits geladene Geschosse mit anderem Zünder sind zu entladen.

Zünder von Geschossen, die voraussichtlich nicht mehr gebraucht werden, sind von „m. V."[39] auf „o. V."[40] zurückzustellen.

Patronen mit kl. A. Z. 23[41], bei denen der obere Abschluß des Zünders (Abschlußteil) so beschädigt ist, daß der Stößel heruntergedrückt oder herausgefallen ist, dürfen nicht verfeuert werden. Sie sind jedoch transportsicher.

Sind hingefallene Geschosse oder Zünder nicht beschädigt, so dürfen sie verfeuert werden. Der Ladekanonier hat den Geschützführer ständig über den Munitionsbestand auf dem laufenden zu halten.

III. Ausbildung als Kraftfahrer.

A. Allgemeines.

29. Die Ausbildung der Kraftfahrer hat nach der H. Dv. 472 „Kraftfahrvorschrift für alle Waffen", der H. Dv. 471 „Handbuch für Kraftfahrer" und den einschlägigen waffentechnischen D.-Vorschriften, ferner auf Grund der den Kraftfahrzeugen beigegebenen Gerätebeschreibungen und Bedienungsanweisungen erfolgen.

30. Alle Kraftfahrer müssen die Reichsstraßenverkehrsordnung, die Straßenverkehrszulassungsord-

---

[38] „J." wie im Original.
[39] Mit Verzögerung.
[40] Ohne Verzögerung.
[41] Kleiner Aufschlagzünder 23.

nung und die laufend erlassenen Verordnungen über den Verkehr mit Kraftfahrzeugen beherrschen. Außerdem sind sie über das Verhalten bei Unfällen und die durch den Kraftfahrer zu erledigenden Aufgaben in der Führung der Kraftfahrzeugpapiere zu unterrichten.

31. Sie müssen an ihrem Kraftfahrzeug alle Störungen beheben können, die ohne die Werkstatt zu erledigen sind. In jedem Falle sollen sie die Ursache von Schäden schnell erkennen und selbst entscheiden können, ob sie zur Instandsetzung der Hilfe der Instandsetzungsstaffel oder der Werkstatt bedürfen.

Die Ehre des Kraftfahrers liegt in dem Bestreben, sein Fahrzeug auch unter schwierigsten Umständen zur befohlenen Zeit fahrbereit zu haben.

32. Im Einsatz hat jeder Kraftfahrer für gedeckte Aufstellung und Tarnung seines Fahrzeuges zu sorgen. Falls sich kein eingeteilter Fahrzeugführer auf dem Fahrzeug befindet, ist er der Führer. Seinen Anordnungen ist Folge zu leisten.

33. Jede sich bietende Gelegenheit ist zum Auftanken der Fahrzeuge auszunutzen.

Bei technischen Halten und Rasten ist dem Fahrzeugführer unaufgefordert Meldung über den Zustand des Fahrzeuges zu machen.

Notwendig werdende Instandsetzungen oder besondere Vorkommnisse sind außer dem Fahrzeugführer baldmöglichst auch dem Schirrmeister[42] und Hauptwachtmeister[43] zu melden.

34. Die Kraftfahrer sind in der Kartenkunde so zu unterweisen, daß sie sich nach Karten kleiner Maßstäbe 1:100 000 – und ähnlichen – in einfachem Gelände orientieren können.

---

[42] Siehe Glossar: Schirrmeister.
[43] Siehe Glossar: Hauptfeldwebel / Hauptwachtmeister.

B. Der Sturmgeschützfahrer.

35. Die Sturmgeschützfahrer führen die Feuerkraft der Batterie ins Gefecht. Diese Überzeugung muß ihnen Richtschnur für Fahrweise und Pflege des Fahrzeuges sein. Nur die besten Kraftfahrer werden zum Sturmgeschützfahrer ausgewählt. Einzelheiten über die Ausbildung sind in den „Kraftfahrtechnischen Bestimmungen" aufgeführt.

C. Der Kradmelder[44].

36. Schneid und körperliche Ausdauer, geistige Beweglichkeit und eine nie ermüdende Einsatzfreudigkeit zeichnen den Kradfahrer aus. Erfinderische Begabung für die Lösung von schwierigen Aufgaben auch mit behelfsmäßigen Mitteln lassen ihn jede Lage meistern.

37. Er bedarf als Melder einer besonderen Ausbildung, die sich im Unterricht auf Kartenkunde und das Arbeiten mit Planzeiger[45], Zielgevierttafel[46] und Stoßlinie[47] erstreckt. Im Gelände sind folgende Tätigkeiten zu schulen:

a) Orientierungsfahrten nach der Karte.
b) Fahren einer Strecke nach dem Gedächtnis nach kurzer Einsichtnahme in eine Karte.
c) Fahren einer Strecke nach einer selbst angefertigten Skizze des Marschweges.
d) Fahren einer Strecke nach dem Gedächtnis, nachdem sie bereits einmal nach der Karte oder unter Führung befahren worden ist.
e) Anfertigung von Wegeskizzen, nachdem die Strecke nach einer Karte oder unter Führung befahren worden ist.

---

[44] „Krad" ist eine Kurzform für „Kraftrad", ein altes Wort für Motorrad. Siehe Glossar: Krad.
[45] Siehe Glossar: Planzeiger.
[46] Siehe Glossar: Zielgevierttafel.
[47] Siehe Glossar: Stoßlinie.

f) Verhalten als Verkehrsposten und Tätigkeit des Kradmelders[48] beim Durchschleusen einer Batterie durch eine Ortschaft.
g) Verhalten auf Gefechtsständen.
h) Verhalten beim Überholen von Marschkolonnen und beim Überbringen von Meldungen auf dem Marsch.

Sämtliche Fahrten sind bei Tage und Nacht, in leichtem und schwierigem Gelände durchzuführen.

38. Jeder Kradmelder muß die Gliederung der Sturmgeschützabteilung[49] und die Namen ihrer Führer, die Gliederung eines Infanterieregiments[50], die taktischen Zeichen an den Kraftfahrzeugen und die Bedeutung der Kommandoflaggen kennen.

39. Wird die zusätzliche Ausbildung durch eine Prüfung abgeschlossen, deren Bestehen Vorbedingung für den Erwerb des Kradführerscheines ist, so fördert es den Ehrgeiz von Ausbilder und Mann. Dem Einheitsführer gibt es die Gewähr dafür daß nur geeignete Leute in den Besitz des Kradführerscheins gelangen.

D. Pkw.-, Lkw.- und Zgkw.[51]-Fahrer.

40. Pkw.-, Lkw.- und Zgkw.-Fahrer sind die Masse der Kraftfahrer der Batterie. Besondere Sorgfalt in der Ausbildung muß dieser Tatsache Rechnung tragen. Jede Gelegenheit, nicht nur bei Übungen und Fahrschulen, ist auszunutzen, ihre Weiterbildung zu fördern.

---

[48] „Krad" ist eine Kurzform für „Kraftrad", ein altes Wort für Motorrad. Siehe Glossar: Krad.
[49] Siehe Glossar: Sturmgeschütz-Abteilung.
[50] Siehe Glossar: Infanterie-Regiment.
[51] Zugkraftwagen.

IV. Ausbildung im Infanteriedienst.
41. Die Ausbildungsgrundlagen sind niedergelegt in:

H. Dv. 130/2 a[52],   D. 124/1[53],
H. Dv. 462[54],   D. 124/2[55],
H. Dv. 240[56],   D. 167/1[57] und 2[58].

Die Beherrschung aller infanteristischen Kampfformen ist von besonderer Bedeutung.

V. Ausbildung im Nachrichtendienst.
42. Die Ausbildungsgrundlagen, sind niedergelegt in:

H. Dv. 200/2n (Leucht- und Signalmittel, Tuchzeichen),
H. Dv. 421/3 a A. V. N.[59] Feldkabelbau,
H. Dv. 421/4 b A. V. N. Funkbetrieb,
D. 613/12 Anweisung für den Funkverkehr der Panzerverbände und in dem Anhang „Richtlinien für den Funkverkehr der Sturmartillerie".

VI. Ausbildung im Feldpionierdienst.
43. Die Ausbildungsgrundlagen sind niedergelegt in:

H. Dv. 316 (Pionierdienst aller Waffen):

Teil I:

Abschnitt D (Sperrung von Straßen, Wegen und Gelände ohne Pioniersprengmittel)

---

[52] H. Dv. 130/2a: Ausbildungsvorschrift für die Infanterie. Heft 2: Die Schützenkompanie Teil a.
[53] D 124/1: Maschinengewehr 34. Teil 1: Waffe.
[54] H. Dv. 462: Flugabwehr durch Maschinengewehr und Gewehr.
[55] D 124/1: Maschinengewehr 34. Teil 2: M.G.-Lafette 34.
[56] H. Dv. 240: Schießvorschrift für Gewehr (Karabiner), leichtes Maschinengewehr und Pistole und Bestimmungen für das Werfen scharfer Handgranaten.
[57] D 167/1: Maschinenpistole 40. Beschreibung, Handhabungs- und Behandlungsanleitung.
[58] D 167/2: Maschinenpistole 40 und Maschinenpistole 38. Teil 2: Einzelteile.
[59] Ausbildungsvorschrift für die Nachrichtentruppe.

Abschnitt E (Scheinsperren),
Abschnitt G (Beseitigen von Sperrungen)
Abschnitt H (Zerstören von Geschützen und Minenwerfern[60]);

Teil II:
Verhalten während des Übersetzens im Einfahrzeug[61] und Verhalten während des Übersetzens mit Fähren;

Teil III:
Abschnitt D (Prüfen, Verstärken und Wiederherstellen von Brücken und Brückenteilen);

Teil IV:
Abschnitt A (Wegebau),
Abschnitt B (Überwinden von Sumpf- und Trichtergelände durch Schützen und leichte Panzerwagen),
Abschnitt D (Durchschreiten von Furten),
Abschnitt E (Überschreiten von Eisdecken);

Teil V:
Abschnitt A (Grundsätze),
Abschnitt B (Schanzzeuggebrauch),
Abschnitt C (Einzelanlagen),
Abschnitt D (Einrichten von Ortschaften zur Verteidigung);

Teil VI:
Abschnitt A (Allgemeines),
Abschnitt B (Bauten);

Teil VIII:
Abschnitt B (Rettungsmaßnahmen und Sicherheitsbestimmungen bei Flußübergängen im Frieden).

---

[60] Siehe Glossar: Minenwerfer.
[61] Hierbei handelt es sich mit höchster Wahrscheinlichkeit um einen Tippfehler. In der H. Dv. 316: *Pionierdienst aller Waffen von 1935* gibt es im Teil II, die Überschriften: Fahren im Einzelfahrzeug und Fahren mit Fähren. Siehe: *H. Dv. 316: Pionierdienst aller Waffen.* Nachdruck 1936. Verlag E.S. Mittler & Sohn: Berlin, 1936 (11. 2. 1935), S. 132, 140.

VII. Ausbildung in der Gasabwehr.
44. Der Ausbildung ist die H. Dv. 395 „Gasabwehrdienst aller Waffen" zugrunde zu legen.

45. Ein Gasspürtrupp besteht aus einem Unteroffizier und drei Mann. In der Batterie sollen drei Gasspürtrupps ausgebildet sein, die auf Kampfstaffel und Trosse je nach Lage und Gelände zu verteilen sind.

VIII. Ausbildung in den Leibesübungen.
46. Siehe H. Dv. 475 „Sportvorschrift für die Wehrmacht".

IX. Ausbildung in den Formen der Parade.
47. Siehe H. Dv. 273 „Paradevorschrift".

B. Verbandsausbildung.

I. Allgemeines.
48. Die Verbandsausbildung der Batterie geschieht in Übungen und im scharfen Schuß. Sie soll den Batterietrupp, die Züge, Staffeln und Trosse zusammenschweißen und die Zusammenarbeit der verschiedenen Teile der Batterie schulen.

49. Die Krönung der Ausbildung sind Batterie-Gefechtsschießen, welche möglichst gemeinsam Infanterieeinheiten abzuhalten sind.

50. Am Anfang der Verbandsausbildung steht die Arbeit in den Zügen und in den Staffeln und

Marschgliederung einer Sturmgeschütz-Batterie.

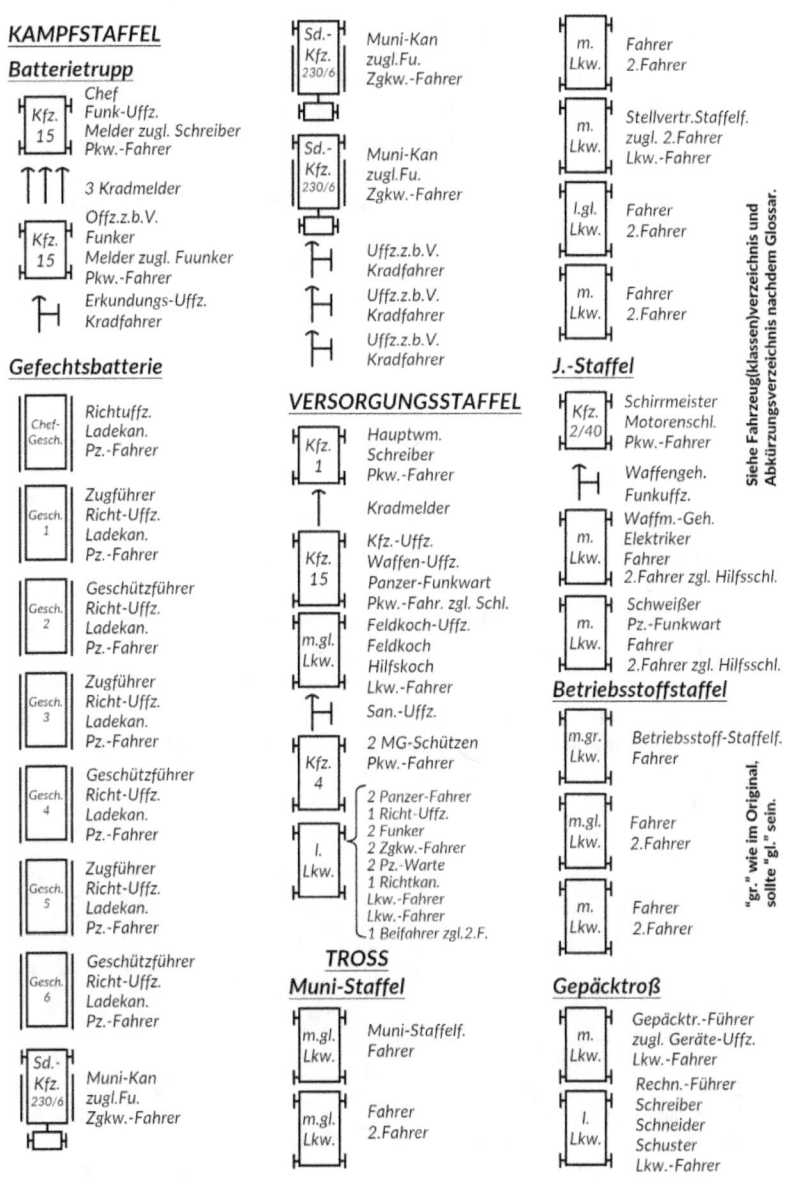

Trossen. Sie findet ihren Abschluß im Einsatz der geschlossenen[62] Batterie.

51. Die Verbandsausbildung ist in folgenden Einsätzen zu schulen:

a) Beziehen einer Bereitstellung bei Tage und bei Nacht.
b) Unterstützung eines Angriffs aus der Bewegung.
c) Unterstützung eines Angriffs nach vorheriger Bereitstellung bis zum vollendeten Einbruch[63] in die H. K. L.[64]
d) Schartenbeschuß und Bekämpfung von ausgebauten Kampfständen.
e) Kampf in der Tiefenzone[65].
f) Einsatz in der Verfolgung und in Vorausabteilungen[66].
g) Einsatz in der Abwehr zur Begleitung von Gegenstößen[67] und -angriffen[68].
h) Panzerabwehr.
i) Ortskampf.

52. Als Voraussetzung für den Einsatz im Gefecht ist die Batterie in folgenden Übungen zu schulen:

a) Marsch bei Tage und bei Nacht.
b) Einfädelung und Ablaufen einer Batterie.
c) Rast.
d) Vormarsch einer Batterie als selbständige Marschgruppe.
e) Bildung von Erkundungstrupps verschiedener Stärke und Wegerkundung, Zusammensetzen zur Absperrung, Sicherung und Aufklärung.
f) Beseitigung von Straßensperren; Verhalten bei Minensperren.
g) Abwehr bei Tieffliegerangriffen.

---

[62] Siehe Glossar: Einsatz, geschlossen.
[63] Siehe Glossar: Einbruch.
[64] Hauptkampflinie. Siehe Glossar: Hauptkampflinie.
[65] Siehe Glossar: Tiefenzone.
[66] Siehe Glossar: Vorausabteilung.
[67] Siehe Glossar: Gegenstoß.
[68] Siehe Glossar: Gegenangriff.

Gefechtsgliederung einer Sturmgeschütz-Batterie.

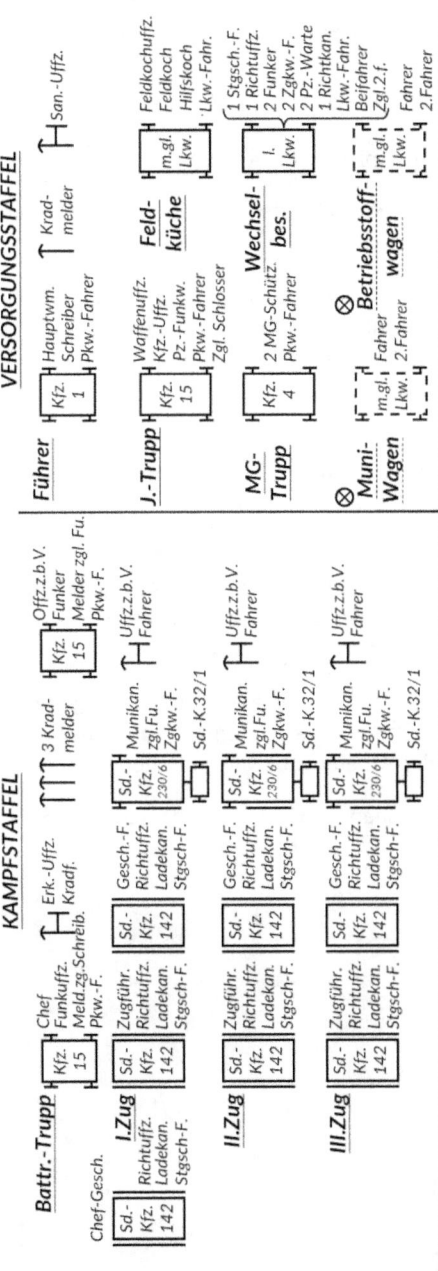
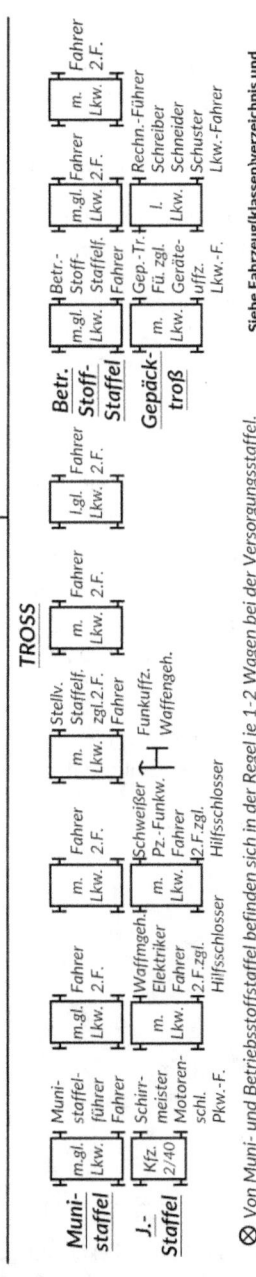

h) Verhalten beim Einsatz von Gelände- und Luftkampfstoffen.
i) Abwehr von Überfällen durch alle Teile der Batterie (Bandenbekämpfung[69]).
j) Abwehr von Angriffen auf Rasträume.
k) Funkübungen.
l) Versorgungsübungen zur Einspielung der Trosse.

53. Die Übungen werden besonders wirklichkeitsnah, wenn zur Darstellung der eigenen Truppe Infanterie herangezogen wird.

54. Zur Ausbildung in der Auswahl günstiger Feuerstellungen empfiehlt sich die Anlage von „Feuerstellungsübungen". Hierin soll besonders der Sturmgeschützfahrer das taktisch richtige Fahren erlernen und selbst die nächste, günstige Feuerstellung erkennen.

55. Funkübungen im Batterieverband, als Rahmenübung durchgeführt, vertiefen die Ausbildung und geben den eingeteilten Führern die Gewißheit, daß sie ihr wichtigstes Führungsmittel fest in der Hand haben.

56. Grundsätzlich sind alle Soldaten dazu zu erziehen, daß sie ihre Leistung anbieten. Rege Aufmerksamkeit und das Leben in der Kampflage geben ihnen einen Anhalt dafür, wann mit ihrem persönlichen Einsatz zu rechnen ist. Sie sollen sich bereits zur Stelle melden, wenn ihr Führer sie heranrufen will.

57. Die Feuertätigkeit mit aufgesetzter Gasmaske bedarf eingehender Schulung. Besonders ist hierbei das Richten[70], die Weitergabe von Kommandos, die Bedienung der Funkgeräte und das Arbeiten auf Karten zu üben.

58. Bei der Lösung von Schießaufträgen im Gelände ohne scharfen Schuß müssen die Beobachtungen

---

[69] Siehe Glossar: Bandenbekämpfung.
[70] Gemeint ist das Zielen mit Geschütz.

dem Schießenden so angegeben werden, wie sie dem Auge erscheinen würden. Rasche und entschlossene Verwertung der Beobachtungen und ihre schnelle Umsetzung in richtige Kommandos sind zu üben.

59. Die Friedensstärken[71] der Batterien gestatten im allgemeinen nur Übungen mit Teilen der kriegsstarken Batterie. Ergänzungen durch andere Batterien der Abteilung müssen von Zeit zu Zeit Übungen in kriegsstarken Batterien ermöglichen.

II. Die Formen der Batterie.

60. Man unterscheidet folgende Formen der Batterie:

    a) Versammlungsformen:
        Die Reihe,
        die geschlossene Batterie und
        die Batteriekolonne.
    b) Marschformen:
        Die Marschordnung und
        die Exerzierordnung.
    c) Entfaltungsformen:
        Die geöffnete Ordnung und
        die Fliegermarschtiefe.

61. Die Linie ist die Versammlungsform kleiner Einheiten bis zum Zuge (zur Staffel).

III. Formales Exerzieren der Batterie.

A. Das Antreten der Batterie.

62. In jeder Versammlungsform treten die abgesessenen Fahrzeugbesatzungen von ihren Kraftfahrzeugen, Solokradfahrer[72] links Besatzungen von Beiwagenmaschinen beiderseits ihres Krades an.

---

[71] Es gab sowohl Friedens- als auch Kriegsstärkenachweisungen, letztere sind im Glossar erläutert. Interessant hierbei ist, dass Friedensstärke erwähnt wird, so findet sich zum Beispiel in der *H. Dv. 470/7: Die mittlere Panzerkompanie* keine solche Erwähnung, eventuell wurde hier einfach ein älterer Text wiederverwendet.

[72] „Krad" ist eine Kurzform für „Kraftrad", ein altes Wort für Motorrad. Siehe Glossar: Krad.

Bei Stärken über 4 Mann ist in zwei oder mehr Gliedern anzutreten. Der Fahrzeugführer steht am rechten Flügel; sind zwei oder mehr Glieder gebildet, so bleibt der Platz hinter ihm frei.

Der Kfz.-Fahrer steht am linken Flügel des ersten Gliedes.

63. Der Abstand des hinteren Gliedes von der vorderen Begrenzung des Fahrzeuges beträgt 2 Schritt, bei Kradmeldern[73] der Zwischenraum zum Kraftrad 30 cm.

Die Besatzung richtet sich auf ihr Kraftfahrzeug so aus, daß sich die Mitte ihrer Linie vor der Mitte des Kühlers befindet.

64. In jeder Versammlungsform sind die Kraftfahrzeuge nach der vorderen Begrenzung ihres Fahrgestelles auszurichten. Darüber hinausragende Scheinwerfer werden nicht berücksichtigt. Vordermann ist so zu nehmen, daß die Fahrzeugmitten hintereinander stehen.

Beim Aufmarsch zum Halten ist der Führer des rechten Flügelfahrzeuges[74] für die Seitenrichtung eines Gliedes verantwortlich. Er kann hierzu einen Mann bestimmen, der rechtzeitig absitzt und die übrigen Fahrzeuge einwinkt.

65. Auf das Kommando: **„An die Fahrzeuge!"** begeben sich die Besatzungen beschleunigt an ihre Plätze. Alle Handwaffen befinden sich bereits vor dem Antreten an ihren Plätzen im Kraftfahrzeug; lediglich die Kradfahrer tragen das Gewehr auf dem Rücken (siehe auch Ziffer 15) Die Ausführung des Kommandos kann durch den Zusatz **„Marsch, marsch!"** beschleunigt werden.

66. Auf das Kommando. **„Fahrzeugweise angetreten!"** treten die Besatzungen fahrzeugweise in

---

[73] „Krad" ist eine Kurzform für „Kraftrad", ein altes Wort für Motorrad. Siehe Glossar: Krad.
[74] Siehe Glossar: Flügel.

Reihe vor ihrem Führer an. Für die Reihenfolge vom rechten Flügel her ist die Aufstellung der Fahrzeuge maßgebend.

B. Das Auf- und Absitzen der Batterie.

67. Auf das Kommando: „**Batterie — aufgesessen!**" sitzen die Besatzungen beschleunigt auf. Es wird stillgesessen, Kopf und Rücken sind frei aufgerichtet. Die Hände liegen flach auf den Schenkeln, die Fingerspitzen schneiden mit der Außenkante des Knies ab. Der Blick ist frei geradeaus.

Wird der Befehl oder das Zeichen „**Aufsitzen!**" gegeben, so wird nach dem Aufsitzen gerührt.

Das Anlassen der Motoren erfolgt erst auf Zeichen oder Befehl. Die Marschbereitschaft des Fahrzeuges wird durch Hochhalten des Zeichenstabes gemeldet.

68. Auf das Kommando: „**Batterie — abgesessen!**" sitzen die Besatzungen ab begeben sich beschleunigt an ihre Plätze und stehen still.

Wird der Befehl oder das Zeichen „**Absitzen!**" gegeben, so wird nach dem Absitzen gerührt. Die Motoren werden vorher auf Befehl oder Zeichen abgestellt.

C. Die Reihe.

69. Die Reihe ist eine Versammlungsform, um auf einer Straße schnell und ohne Behinderung des sonstigen Verkehrs antreten zu können (siehe Bild 3).

Der Abstand beträgt von Fahrzeug zu Fahrzeug 5 Schritt, von Kraftrad[75] zu Kraftrad 2 Schritt.

Krafträder ohne Beiwagen können auch zu zweien nebeneinander mit 1 Schritt Zwischenraum aufgestellt werden.

---

[75] „Krad" ist eine Kurzform für „Kraftrad", ein altes Wort für Motorrad. Siehe Glossar: Krad.

70. Aus der Reihe entwickelt sich beim Antreten zum Marsch mit entsprechend erweiterten Abständen die Marschordnung.

D. Die Linie.

71. Das Antreten in Linie erleichtert die Übersicht bei der Versammlung kleinerer Verbände (siehe Bild 4).

Es wird in Linie zu einem Gliede nach links aufmarschiert. Die Zwischenräume zwischen den Fahrzeugen betragen 3 Schritt.

72. Aus der Linie in die Marschordnung:

Es wird angetreten, sobald das rechte Nachbarfahrzeug mit seiner hinteren Begrenzung vorbei ist. Es wird zunächst eine Fahrzeuglänge geradeaus gefahren, um sich dann unter Richtungsänderung dem geradeaus gebliebenen, rechten Flügelfahrzeug anzuschließen.

E. Die geschlossene Batterie.

73. In der geschlossenen Batterie treten
    der Batterietrupp,
    die Sturmgeschütze,
    die Kradmelder[76] der Züge,
    die Munitionspanzerkraftwagen,
    der Troß I und
    der Troß II, Gepäcktroß[77] und Kfz.-Instandsetzungsstaffel
in sich in Linie an, die Linien hintereinander.

Die Zwischenräume betragen von Geschütz zu Geschütz 3 Schritt, die Abstände von Linie zu Linie 10 Schritt. In der Richtung auf den Vordermann haben die Geschütze den Anschluß[78] nach vorn und hinten.

---

[76] „Krad" ist eine Kurzform für „Kraftrad", ein altes Wort für Motorrad. Siehe Glossar: Krad.
[77] Siehe Glossar: Gepäcktross.
[78] Siehe Glossar: Anschluss.

74. Aus der geschlossenen Batterie in die Marschordnung:

Aus den Linien wird nach Ziffer 72 angetreten.

Ein Sturmgeschützzug in Reihe.

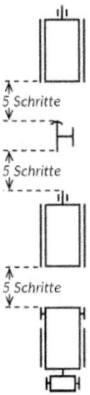

Bild 3.

Ein Sturmgeschützzug in Linie.

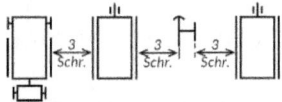

Bild 4.

Kradmelder[79] der Züge und Munitionspanzerkraftwagen gliedern sich beim Anfahren ihrer Züge in diese ein. Die Flügelfahrzeuge müssen so rechtzeitig

---

[79] „Krad" ist eine Kurzform für „Kraftrad", ein altes Wort für Motorrad. Siehe Glossar: Krad.

anfahren, daß sie ohne Erhöhung ihrer Geschwindigkeit den richtigen Abstand zum letzten Fahrzeug der vorausgefahrenen Staffel gewinnen.

F. Die Batteriekolonne.

75. Die Batteriekolonne ist die häufigste Versammlungsform der Batterie.

Es treten
  Batterietrupp,
  1. Zug,
  2. Zug,
  3. Zug,
  Muni-Staffel, Troß I[80],
  Troß II und Gepäcktroß[81] und
  Kfz.-Instandsetzungsstaffel

in sich in Reihe an, die Reihen nebeneinander. Das Führerfahrzeug steht vor der Mitte der Front. Die Abstände sind die gleichen wie in der Reihe, die Zwischenräume von Staffel zu Staffel betragen 5 Schritt.

76. Aus der Batteriekolonne in die Marschnung[82]:

Das Antreten erfolgt wie bei der Reihe. Die Reihen folgen in der Reihenfolge ihrer Aufstellung.

G. Die Marschordnung.

77. Die Marschordnung ist die übliche Form der Batterie, solange nicht Feuer und Beobachtung des Feindes oder ein bevorstehender Einsatz zur Teilung oder Entfaltung[83] der Batterie zwingen.

Die Fahrzeugbesatzungen rühren. War dies nicht bereits beim Abrücken befohlen, muß es durch das

---

[80] Siehe Glossar: Tross (Troß).
[81] Siehe Glossar: Gepäcktross.
[82] So im Original, sollte vermutlich „Marschordnung" heißen.
[83] Siehe Glossar: Entfaltung.

Kommando oder Zeichen: „**Rührt Euch!**" nachgeholt werden.

78. Auf das Kommando (Zeichen): „**Rührt Euch!**" nehmen die Besatzungen eine bequeme Haltung ein. Es darf gesprochen werden.

Anderweitige Marscherleichterungen wie Essen, Rauchen und Singen müssen besonders erlaubt werden.

79. Beim Anfahren der Batterie fahren auf das Führungszeichen hin alle Fahrzeuge möglichst gleichzeitig an, sobald das Vorderfahrzeug Raum gibt. Nur so kann einem Auseinanderreißen der Kolonne vorgebeugt werden.

80. Auf das Zeichen „**Halt!**" oder beim Halten des Vorderfahrzeuges wird scharf rechts herangefahren. Auch Randstreifen sind auszunutzen, um die Fahrbahn möglichst freizumachen. Die Vorderräder sind zur Straßenmitte einzuschlagen.

81. Fahrzeugabstände sind gleich der Geschwindigkeit (km/std) in Metern. Sie dürfen nicht unter 20 m liegen und sind auch beim Halten einzuhalten. Geringe Abweichungen können sich durch die Ausnutzung von Bäumen, Häuserschatten usw. zur getarnten Aufstellung der Fahrzeuge ergeben.

82. Aus der Marschordnung in die Reihe: Nachdem Halten muß „**Aufschließen!**" befohlen werden. Hierauf wird auf 5 Schritt Abstand aufgefahren. Sollen aus besonderen Gründen keine Abstände gelassen werden, so ist es besonders zu befehlen.

83. Aus der Marschordnung in die geschlossene Batterie:

Das erste Fahrzeug der vordersten Staffel bleibt geradeaus und kommt zum Halten. Die nachfolgenden Fahrzeuge marschieren staffelweise geschlossen zu der für die „geschlossene Batterie" befohlenen Aufstellung auf. Es ist darauf zu achten, daß bereits vor dem Befehl zum Aufmarschieren die richtige Marschfolge hergestellt wird.

84. Aus der Marschordnung in die Batteriekolonne:

Das Führerfahrzeug bleibt geradeaus und kommt zum Halten. Die nachfolgenden Fahrzeuge marschieren staffelweise geschlossen zu der für die Batteriekolonne befohlenen Aufstellung auf. Nachdem der Aufmarsch beendet ist, setzt sich das Führerfahrzeug vor die Mitte der Front.

85. Aus der Marschordnung in die Exerzierordnung:

Es wird das Kommando oder Zeichen: „**Stillgesessen!**" gegeben.

H. Die Exerzierordnung.

86. Die Exerzierordnung unterscheidet sich von der Marschordnung nur dadurch, daß die Fahrzeugbesatzungen still sitzen. Sie wird beim Abrücken zu Übungen, beim Einrücken in die Kaserne, beim Marsch durch Städte und Ortschaften und zum Erweisen von Ehrenbezeigungen angewandt.

J.[84] Die geöffnete Ordnung.

87. Wenn Feindeinwirkung und -beobachtung eine Lockerung der Marschformen erfordern, wird die Batterie entfaltet[85].

88. Aus der Marschordnung in die geöffnete Ordnung:

Auf das Führungszeichen: „**Geöffneter Aufmarsch!**" wird die Batterie unter Anpassung an die Geländeform entfaltet, wobei sich die Züge und Staffeln ihre

---

[84] „J." wie im Original.
[85] Siehe Glossar: Entfaltung.

Entwicklungsräume[86] selbständig suchen. Wenn nicht anders befohlen, hat der Batterietrupp den Anschluß[87]. Befehle und Zeichen können dies unterstützen.

Häufig wird ein Verlassen der Straße nicht möglich sein, so daß die Entfaltung nur in der Aufnahme größerer Fahrzeugabstände besteht.

89. Aus der geöffneten Ordnung in die Marschordnung:

Auf den Befehl oder Zeichen: „**Sammeln!**" sammeln die Fahrzeuge in Marschordnung auf der bisherigen Marschstraße. Die vordersten Fahrzeuge verhalten so lange, bis die Marschordnung wieder hergestellt ist.

K. Die Fliegermarschtiefe.

90. In Erwartung feindlicher Luftangriffe können in der Marschordnung die Abstände zwischen den Fahrzeugen vergrößert werden. Auf den Befehl: „**Fliegermarschtiefe!**" oder das Zeichen: „**Abstände vergrößern!**" werden doppelte Fahrzeugabstände aufgenommen. Die Fliegermarschtiefe kann auch erforderlich werden, wenn eine zu starke Staubentwicklung die Sicht erschwert und die Kolonne hierdurch in der Marschsicherheit gefährdet wird.

91. Vergrößern der Fahrzeugabstände darf nur der Führer einer Marschgruppe anordnen. Es ist dabei zu bedenken, daß die Vormarschstraße dadurch in der doppelten Länge belegt und das Zusammenhalten der Verbände erschwert wird.

92. Aus der Fliegermarschtiefe in die Marschordnung:

Auf den Befehl: „**Marschordnung!**" oder das Zeichen: „**Abstände verringern!**" wird die Marschordnung wieder hergestellt.

---

[86] Siehe Glossar: Entwicklung.
[87] Siehe Glossar: Anschluss.

L. Ehrenbezeigungen.

93. Für das Erweisen von Ehrenbezeigungen ist die H. Dv. 200/1b A. V. A.[88] „Ausbildung zu Fuß" (Ziffer 112, 4. bis 5. Absatz) maßgebend. Jeder Meldung geht eine entsprechende Ehrenbezeigung voraus.

94. Die Batterie kann in jeder Versammlungsform gemeldet werden.

Schreitet der Vorgesetzte die Front der an Fahrzeugen angetretenen Bedienungen entgegengesetzt zur Marschrichtung der Batterie ab, so nimmt der Mann den Kopf nach erfolgter Blickwendung dann wieder geradeaus, wenn der Vorgesetzte seitlich an ihm vorbeigegangen ist, so daß er ihn nicht mehr sehen kann.

95. Ehrenbezeigungen auf dem Marsch können in der Exerzierordnung und im „Rührt Euch!" erwiesen werden.

96. In der Exerzierordnung wird stillgesessen und der Vorgesetzte auf das Zeichen: „**Augen - rechts!**" („**Die Augen - links!**") frei angesehen.

In der Marschordnung bleiben die Marscherleichterungen bestehen. Auf das Zeichen: „**Augen - rechts!**" („**Die Augen - links!**") sieht der Mann den Vorgesetzten in aufgerichteter Haltung frei an.

97. In beiden Fällen sehen geradeaus:

Insassen geschlossener Fahrzeuge,
Insassen offener Fahrzeuge, die mit dem Rücken zum Vorgesetzten sitzen,
Kraftfahrer am Lenkrad.

Sämtliche Offiziere grüßen.

98. Die Ehrenbezeigung beginnt 20 m vor dem Vorgesetzten und endet, wenn das betreffende Fahrzeug eine Fahrzeuglänge an ihm vorbei ist. Sind

---

[88] Ausbildungsvorschrift für die Artillerie.

Richtungsposten ausgestellt, so bestimmen sie Anfang und Ende der Ehrenbezeigung.

99. Führungszeichen zur Beendigung der Ehrenbezeigung werden nicht gegeben.

IV. Fahrausbildung im Batterieverband.

100. Die Ausbildungsgrundlagen sind niedergelegt in:

H. Dv. 472 „Kraftfahrvorschrift für alle Waffen" und in „Marsch- und Verkehrsregelung" (gültig für alle Waffen).

Es wird auf der rechten Straßenseite marschiert. Nur wenn der übrige Kolonnenverkehr nicht gestört wird, darf in besonderen Ausnahmefällen die Straßenseite gewechselt werden.

Der Batteriechef[89] ist dafür verantwortlich, daß hierbei andere Verkehrsteilnehmer nicht zu Schaden kommen.

101. Soll die Straßenseite gewechselt werden, so geschieht es auf das Zeichen: „**Links heran!**" (**Rechts heran!**"). Die Ausführung erfolgt durch alle Fahrzeuge gleichzeitig.

102. Soll das Wechseln der Straßenseite fahrzeugweise vor sich gehen, so ist hierzu nur dem Spitzenfahrzeug der Befehl zu geben. Die übrigen Fahrzeuge wechseln die Fahrbahn an der gleichen Stelle.

103. Beim Halten der Kolonne ist die Fahrbahn soweit wie möglich freizumachen. Abgesessene Besatzungen treten nach der der Straßenmitte abgekehrten Seite heraus.

---

[89] Siehe Glossar: Batteriechef.

104. Zur Verkehrsregelung sind entlang der haltenden Kolonne Posten aufzustellen, die die vorbeirollenden Fahrzeuge mit Winkzeichen durchschleusen.

Besonders wichtig ist die Aufstellung der Verkehrsposten in Kurven, an unübersichtlichen Stellen und auf dem höchsten Punkt einer über eine Höhe verlaufenden Straße.

105. Beim Vergrößern von Abständen fährt das vorderste Fahrzeug schneller, bis der befohlene Abstand erreicht ist. Die hinteren Fahrzeuge verhalten.

Beim Verringern der Abstände verhalten die vorderen Fahrzeuge, während die hinteren mit der bisherigen Geschwindigkeit weiterfahren, bis die befohlenen Abstände hergestellt sind.

106. Bei einem Halt der Vorderfahrzeuge muß sich jeder Fahrzeugführer insbesondere bei Dunkelheit, über dessen Ursache Klarheit verschaffen. Unter Umständen hat er Maßnahmen zu ergreifen, um eine Stockung zu beseitigen oder mit seinem Fahrzeug daran vorbeizufahren.

Bei der Nacht ist sicherzustellen, daß erkannt wird, wenn die Vorderfahrzeuge nach Beseitigung einer Stockung wieder anfahren. Hier eintretende Versäumnisse lassen die Kolonne abreißen und können im Feindesland zu unnötigen Verlusten führen.

107. Der Fahrzeugführer ist für die Durchgabe der Führungszeichen und die Fahrdisziplin des Kraftfahrers verantwortlich.

Die Überwachung durch den Fahrzeugführer entbindet den Kraftfahrer nicht von der nötigen Umsicht und der Beobachtung der allgemeinen Verkehrsregelungen.

108. Jeder Fahrzeugführer muß Marschweg und -ziel seiner Batterie kennen. War die Bekanntgabe vor Antritt des Vormarsches nicht möglich, so ist dies während des Marsches, spätestens bei der ersten Rast, nachzuholen.

109. Der Fahrzeugführer ist verpflichtet, den Marschweg ständig, wenn möglich auf einer Karte, zu verfolgen. Beim Fehlen von Karten sind Ortsschilder und das Einprägen auffälliger Punkte im Gelände gute Hilfsmittel. Wenn das Fahrzeug durch Ausfall oder Abreißen der Kolonne auf sich allein gestellt ist, sind diese Maßnahmen von großer Bedeutung.

110. Das Überholen von marschierenden mot.[90] Truppen durch Kolonnen ist verboten. Machen Lage und Gefechtsauftrag es doch erforderlich, ist vorher mit dem Führer des zu überholenden Verbandes Verbindung aufzunehmen und dieser zum Halten zu veranlassen.

Durch geeignete Aufstellung von Posten ist der Gegenverkehr zu sperren und das Anhängen nicht zur Batterie gehöriger Fahrzeuge zu verhindern.

Das letzte Fahrzeug meldet dem Führer des überholten Verbandes das Ende der Batterie.

111. Zurückgebliebene Einzelfahrzeuge fahren in normaler Geschwindigkeit weiter und gewinnen erst beim nächsten Halt den Anschluß[91] an ihre Batterie.

112. Das Kehrtmachen der gesamten Batterie erfordert viel Übung. Die Art der Durchführung hängt vom Gelände ab.

Auf das Kommando oder Zeichen: „**Kehrt!**" hält jedes Fahrzeug sofort an und wendet. Der Beifahrer sitzt ab und winkt den Fahrer ein. Beim Abhängen und Umsetzen der Munitionspanzerkraftwagen und Anhänger sind die Besatzungen der nächst erreichbaren Fahrzeuge behilflich.

Das neue Spitzenfahrzeug fährt nach der Kehrt-

---

[90] Motorisierten.
[91] Siehe Glossar: Anschluss.

wendung drei Fahrzeuglängen vor, die übrigen Fahrzeuge schließen sich an und stellen die normalen Abstände her. Sobald der am Ende der Einheit befindliche Führer übersieht, daß alle Fahrzeuge kehrtgemacht haben und die Straße wieder frei ist, fährt er mit seinem Fahrzeug zügig an der Kolonne vorbei. Die übrigen Fahrzeuge schließen sich an.

Nach Möglichkeit ist beim Kehrtmachen von Nebenstraßen, Äckern, Gehöften usw. Gebrauch zu machen. Besonders ein Kreisfahren auf freier Fläche neben der Straße kann das Kehrtmachen beschleunigen. In diesem Falle warten die betreffenden Fahrzeuge nach dem Kreisfahren abseits der Straße so lange, bis das Kehrtmachen der übrigen Teile der Batterie beendet ist. Dann fädeln sie sich ein. Vorausschauende Verkehrsregelung ist erforderlich.

113. Während des Marsches muß die Straße auch nach hinten beobachtet werden. Überholende Fahrzeuge sind vorbeizuwinken oder zum Einscheren zu veranlassen.

114. Die Tätigkeit der Kradmelder[92] in der Marschkolonne bedarf besonderer Schulung. Zur Entgegennahme eines Befehls aus einem fahrenden Kraftfahrzeug ist links zu überholen, vor dem Fahrzeug rechts heranzufahren und die Geschwindigkeit so lange zu verringern, bis sich das Führerfahrzeug auf der eigenen Höhe befindet.

115. Wird die Batterie ganz oder mit Teilen in eine Marschkolonne eingefädelt, so ist dem Ablaufoffizier Anfang und Ende durch die betreffenden Fahrzeugführer zu melden.

116. Beim Marsch der Batterie in einer größeren Marschkolonne empfiehlt sich das Fahren eines Sturmgeschützes (Zugführergeschütz mit Sender) am Ende der Batterie als schließendes Fahrzeug.

---

[92] „Krad" ist eine Kurzform für „Kraftrad", ein altes Wort für Motorrad. Siehe Glossar: Krad.

V. Einsatz der Sturmgeschützbatterie.

A. Gliederung beim Einsatz.

117. Sturmgeschütze sind eine Schwerpunktwaffe[93]. Ihre Wirkungsmöglichkeiten werden nur dann voll ausgenutzt wenn eine Aufteilung der Batterie in Züge oder Einzelgeschütze vermieden wird.

Lassen es Lage und Gelände irgendwie zu, so ist der Einsatz der geschlossenen[94] oder der Masse der Batterie in der Hand des Batterieführers[95] anzustreben.

118. Lage und Kampfauftrag bestimmen die Gliederung der Batterie für den Einsatz. Die personelle Besetzung der einzelnen Fahrzeuge gemäß K. St. N.[96] ist nicht bindend sondern wird immer von den Fähigkeiten der zur Verfügung stehenden Führer und Mannschaften abhängig sein.

Die Bildung einer Versorgungsstaffel aus allen Teilen der Batterie zur Stärkung der Kampfstaffel ist frühzeitig zu befehlen. Die Zuteilung eines Waffenmeistergehilfen, des Funkwarts, des Sanitäts-Unteroffiziers und eines kleinen I.-Trupps[97] der Instandsetzungsstaffel erhöht die Einsatzbereitschaft der Batterie.

119. Das Chefgeschütz[98] fährt, wenn nicht anders befohlen, beim 1. Zug.

120. Zur Kampfstaffel gehört der Teil der Batterie, der sich am Gefecht unmittelbar beteiligt. Dies sind

der Batterietrupp und
die Geschützstaffel.

---

[93] Siehe Glossar: Schwerpunkt.
[94] Siehe Glossar: Einsatz, geschlossen.
[95] Siehe Glossar: Batterieführer bzw. Batteriechef.
[96] Kriegsstärkenachweisung. Siehe Glossar: Kriegsstärkenachweisung.
[97] Instandsetzungs-Trupp.
[98] Das Sturmgeschütz des Batteriechefs. Siehe Glossar: Batteriechef.

121. Wenn ein Zug selbst eingesetzt, werden muß und er bei Ausfall von Personal und Gerät durch die Batterie nicht schnell genug versorgt werden kann, empfiehlt es sich, Personal der Wechselbesatzung der Kampfstaffel des Zuges zuzuteilen. Darüber hinaus kann in diesem Falle eine Angliederung von Betriebsstoffwagen, Muni-Wagen der Versorgungsstaffel und eines Teils der Kfz.-Instandsetzungsstaffel in Frage kommen.

122. Zur Versorgungsstaffel gehören alle die Versorgungsfahrzeuge, auf welche die Batterie zur Erhaltung ihrer Kampfkraft a u c h   n i c h t   f ü r   k ü r z e r e   Z e i t verzichten kann.

Im Troß sind alle die Fahrzeuge enthalten, welche die Batterie zur Erhaltung ihrer Einsatzbereitschaft a u f   l ä n g e r e   S i c h t benötigt.

123. Die B.- und G.-Wagen[99] sind das Bindeglied zwischen den Betriebsstoffausgabestellen der Division oder Armee und allen Teilen der Batterie. Die Weiträumigkeit des Schlachtfeldes kann es erforderlich machen, daß sie, auf sich allein gestellt, zu einer selbständigen Staffel werden, die sich ganz oder mit Teilen im Pendelverkehr zwischen Batterie und den Betriebsstoffausgabestellen befindet.

124. Die Munitionswagen der Versorgungsstaffel sind das Bindeglied zwischen der Kampfstaffel und den Munitionsausgabestellen der Division oder Armee. Falls keine Aufträge vorliegen kann es zweckmäßig sein, sie der Versorgungstafel zeitweilig zuzuteilen.

B. Tätigkeit der Dienstgrade.
a) Der Batteriechef[100].

125. Wird die Batterie mit Masse oder geschlossen[101] bei einem Infanterieverband (Regiment[102] oder Bataillon[103]) eingesetzt, so führt sie der Batteriechef.

---

[99] Betriebsstoff- und Gepäck(troß)-Wagen.
[100] Siehe Glossar: Batteriechef.
[101] Siehe Glossar: Einsatz, geschlossen.
[102] Siehe Infanterie-Regiment.
[103] Siehe Infanterie-Bataillon.

Vor dem Eintreten ins Gefecht nimmt er Verbindung zu dem infanteristischen Führer auf, mit Zusammenarbeit angewiesen ist. Er läßt sich durch ihn

über die Feindlage,

über eigenen Auftrag und Angriffsziele,

über Führung des Kampfes und Gliederung der Infanterie und

über die Wirkungsmöglichkeiten der schweren Waffen, der Artillerie und der Pioniere unterrichten.

Weitere Angaben über Auftrag der Nachbartruppen, über besondere Aufklärungsergebnisse, das Auftreten von panzerbrechenden Waffen und über Geländehindernisse sind ihm wertvolle Hinweise für die eigene Gefechtsführung.

Auf dieser Grundlage macht er dem infanteristischen Führer seinen Vorschlag für den Einsatz der Batterie.

Nach der Auftragserteilung durch den infanteristischen Führer befiehlt er den Einsatz seiner Batterie. Mit Beginn des Gefechts befindet er sich bei seinen Zügen. Durch taktische Befehle, Gefechtsaufträge, Zielaufklärung und -anweisung nimmt er unmittelbaren Einfluß auf die Gefechtsführung. Funk, Kradmelder[104] und Richtungsschüsse seines Sturmgeschützes sind seine Führungsmittel.

Treten überraschend Ziele auf, die er durch Anweisung an seine Züge nicht vernichten lassen kann oder die ihn unmittelbar bedrohen, so bekämpft er sie mit seinem Sturmgeschütz.

Die Schießtätigkeit des Batteriechefs[105] soll sich aber auf ein Mindestmaß beschränken. Seine Führungsaufgaben bleiben vordringlich und dürfen dadurch nicht beeinträchtigt werden.

---

[104] „Krad" ist eine Kurzform für „Kraftrad", ein altes Wort für Motorrad. Siehe Glossar: Krad.

[105] Siehe Glossar: Batteriechef.

Er ist an keinen Platz gebunden und wird sich im allgemeinen in enger Fühlung mit seinen Zügen dort vorwärts bewegen, wo er den besten Überblick über das Gefechtsfeld hat.

Seine Verbindung zum infanteristischen Führer wird durch den Offz. z. b. V.[106], in Ausnahmefällen durch den Verbindungs-Uffz.[107], hergestellt. Diese Nachrichtenverbindung ist durch den Batteriechef[108] weitgehendst auszunutzen, um den infanteristischen Führer mit Gefechtsmeldungen aus der vordersten Linie auf direktem Wege zu versorgen.

Der Batteriechef sucht und hält Verbindung zu einem Abteilungskommandeur[109] durch Funk und Melder.

126. Wird die Batterie aufgeteilt und einzelnen Bataillonen zugweise unterstellt, so beschränkt sich die Tätigkeit des Batteriechefs während des Gefechts im allgemeinen auf eine helfende und beratende Stellung beim infanteristischen Führer.

Macht eine unerwartete Entwicklung des Kampfes ein persönliches Eingreifen erforderlich, so begibt sich der Batteriechef zu dem betreffenden Zuge oder entsendet den Offz. z. b. V.

127. In jedem Falle ist der Batteriechef für die zeitgerechte Versorgung der Kampfstaffel mit Munition, Kraftstoff und Verpflegung verantwortlich. Er bestimmt frühzeitig Zusammensetzung und Bereitstellungsraum der Versorgungstaffel, die, unter einen umsichtigen Führer, die für den Einsatz der Kampfstaffel notwendigen Versorgungsgüter bereithalten muß (siehe Ziffer 118). Die Zusammensetzung der Versorgungsstaffel ist vorausschauend festzulegen und er Raum zu befehlen, von wo aus sie abberufen wird. Die Munitionswagen sind abschnittsweise

---

[106] Offizier zur besonderen Verwendung. Siehe in B. Verbandsausbildung / Einsatz / Dienstgrade.
[107] Verbindungs-Unteroffizier.
[108] Siehe Glossar: Batteriechef.
[109] Siehe Glossar: Abteilung.

nachzuführen und zeitgerecht zur Munitionsergänzung bereitzustellen.

An die Kfz.-Instandsetzungsstaffel muß befohlen werden, wo die Kampfstaffel eingesetzt ist und von wo aus die Instandsetzungsstaffel abgerufen werden soll. Zur Durchführung dieser Maßnahmen steht dem Batteriechef der Offz. z. b. V.[110] zur Verfügung.

b) Der Offizier z. b. V.

128. Der Offz. z. b. V. hat folgende Aufgaben zu erfüllen:

1. Er unterstützt den Batteriechef[111] in der taktischen Führung der Batterie und in der Durchführung der Versorgung. Er ist als Führer der Versorgungsstaffel besonders geeignet. Zur Erledigung von Sonderaufträgen wird auf ihn zurückgegriffen. Sein Bestreben muß es sein, den Batteriechef soweit wie möglich für die Führungsaufgaben in der Kampfstaffel freizumachen.
2. Führt der Batteriechef seine Kampfstaffel im Gefecht, so vertritt ihn der Offz. z. b. V. beim infanteristischen Führer und berät diesen über den Einsatz der Batterie. Hierzu steht ihm ein Verbindungs-Uffz.[112] mit Funk zur Verfügung. Als Vertreter des im Kampf befindlichen Batteriechefs sorgt er für das Nachführen der Staffeln und Trosses und für ihren Einsatz bei Bedarf.
3. Als Führer des Batterietrupps befiehlt er gemäß Weisung des Batteriechefs den Einsatz des Batterietrupps.
4. Ihm obliegt die kraftfahrtechnische Überwachung der Batterie.

---

[110] Offizier zur besonderen Verwendung. Siehe in B. Verbandsausbildung / Einsatz / Dienstgrade.
[111] Siehe Glossar: Batteriechef.
[112] Verbindungs-Unteroffizier.

c) Der Zugführer.

129. Wird der Sturmgeschützzug selbständig eingesetzt, so nimmt der Zugführer mit dem infanteristischen Führer Verbindung auf, d e m er unterstellt ist. Er ist verantwortlich für den richtigen Einsatz eines Zuges, für Geländeerkundung, Zielaufklärung. Zielanweisung und Auswahl der Sturmausgangstellung und ersten Feuerstellung. Dem Kampfauftrag entsprechend bestimmt er den Gefechtsstreifen für beide Geschütze und ihren Weg für die Begleitung des Angriffs. Eine „Geländetaufe"[113] vor Angriffsbeginn erleichtert die Zielansprache im Gefecht. Er legt die Entfernungen zu bereits erkannten Zielen fest und übermittelt sie dem Geschützführer.

Während des Gefechts führt er seinen Zug straff im Rahmen des Auftrages und weist neue Ziele durch Funkspruch oder Richtungsschüsse seiner Kw. K.[114] an.

Durch enge Verbindung mit der Infanterie der vordersten Linie vertieft er die Zielaufklärung. Schnelles Erfassen neuer Ziele, die ein infanteristischer Führer als besonders gefährlich anweist, kann für das Gelingen des Angriffs entscheidend sein.

Der Zugführer sorgt für Ersatz von Ausfällen an Personal und Gerät, für Munitions- und Betriebsstoffergänzung.

Er hat den Batteriechef über taktische Lage, Tätigkeit des Zuges, dessen Standort und Versorgungslage auf dem laufenden zu halten.

Die Möglichkeit, dem infanteristischen Führer durch häufige Meldungen aus der vordersten Infanterielinie ein klares Bild der Gesamtlage zu verschaffen, ist weitgehendst auszunutzen.

130. Wird der Zug unter Führung des Batteriechefs[115] eingesetzt und mit einem Infanterieverband auf

---

[113] Siehe Glossar: Geländetaufe.
[114] Kampfwagenkanone.
[115] Siehe Glossar: Batteriechef.

Zusammenarbeit angewiesen, so erhält der Zugführer seine Gefechtsaufträge von dem Batteriechef[116].

d) Der Geschützführer.

131. Der Geschützführer führt sein Geschütz im Rahmen seines gegebenen Auftrages. Er bekämpft die vom Zugführer angewiesenen Ziele selbständig. Unabhängig davon betreibt er eigene Zielaufklärung und entscheidet, ob Ziele bekämpft werden sollen, die durch einen infanteristischen Führer angewiesen werden.

132. Er ist selbst für richtige Auswahl der Feuerstellung verantwortlich. Er unterstützt den Richtkanonier in der Auffassung des Zieles, überwacht die Einstellung der Richtmittel und Zünder und richtet, wenn nötig, das Ziel selbst an.

Er hört den Funkverkehr mit und gibt dem Ladekanonier die aufzugebenden Funksprüche mündlich im Wortlaut. Der Zugführer ist über die Erfüllung von Schießaufträgen und den Munitionsbestand auf dem laufenden zu halten.

Der Geschützführer überwacht die Nahsicherung des Geschützes und verteilt hierzu die Aufgaben im allgemeinen so daß der Sturmgeschützfahrer nach links, der Ladekanonier nach rechts, der Richtkanonier nach den (zugleich Schießender) und er selbst nach allen Richtungen, vornehmlich nach rückwärts, beobachtet.

e) Der Richtkanonier.

133. Der Richtkanonier erhält durch den Geschützführer Zielanweisung und Feuerkommandos. Lediglich bei den Führergeschützen erweitert sich sein Aufgabengebiet dahingehend daß er die ihm angegebenen Ziele selbständig bekämpft. Er entlastet dadurch den

---

[116] Siehe Glossar: Batteriechef.

Zugführer bzw. Batteriechef[117] und macht ihn für weitere Zielaufklärung und Führungsaufgaben frei.

f) Der Ladekanonier (zugleich Funker).

134. Der Ladekanonier stellt die Zünder, überwacht Zustand und Anzahl der Munition unter Meldung an den Geschützführer. Er behebt, soweit wie möglich, besondere Vorkommnisse am Geschütz.

Als Funker wartet und bedient er das Funkgerät im Geschütz. Ihm obliegt die Abwicklung des gesamten Funkverkehrs.

g) Der Verbindungs-Unteroffizier.

135. Der Verbindungs-Uffz., ein taktisch besonders gut ausgebildeter Unteroffizier, ist bei Abwesenheit des Batteriechefs und Offz. z. b. V.[118] bzw. Zugführers deren Vertreter beim infanteristischen Führer. Er hält mit seinem Funkgerät die Verbindung zum Batteriechef bzw. Zugführer und nimmt von ihm Gefechtsmeldungen zur Weitergabe an den Infanteristen entgegen. Er orientiert den Batteriechef bzw. den Zugführer über Wünsche und Aufträge des infanteristischen Führers. Taktisches Einfühlungsvermögen und gute Kenntnis der Wirkungsmöglichkeiten seiner Waffe befähigen ihn, dem infanteristischen Führer Vorschläge für den Einsatz der Batterie bzw. des Zuges zu unterbreiten.

h) Der Führer des Munitionspanzerkraftwagens.

136. Der Munitionskanonier ist der Führer des Munitionspanzerkraftwagens und bedient das Funkgerät. Im Gefecht folgt er dem Zugführergeschütz auf Sichtabstand, soweit es das Gelände erlaubt. Er ist

---

[117] Siehe Glossar: Batteriechef.
[118] Offizier zur besonderen Verwendung. Siehe in B. Verbandsausbildung / Einsatz / Dienstgrade.

für Geländeausnutzung und Tarnung seines Fahrzeuges verantwortlich.

i) Der Munitions-Unteroffizier.

137. Der Munitions-Unteroffizier führt die Munitionswagen (Lkw.). Er füllt auf Befehl des Batteriechefs[119] den Munitionsbestand der Batterie aus den rückwärtigen Lagern auf und sorgt für entsprechende Verteilung der Munition an die Batterie. Hierzu führt er entweder seine Munitionswagen geschlossen vor oder weist seine Munitionswagenführer einzeln an.

C. Der Bereitstellungsraum.

138. Der Bereitstellungsraum ist der Raum, in dem sich die Kampfstaffel der Batterie zum Angriff bereitstellt. Lage und Gelände können es erforderlich machen, daß hier auch die Versorgungsstaffel unterzieht. Es ist dann zu bedenken, daß sie nach Abrücken der Kampfstaffel ins Gefecht auf sich allein gestellt ist.

139. Die Auswahl des Bereitstellungsraumes ist von der Gruppierung der eigenen Infanterie, vom Gelände, der eigenen Absicht und von der Tageszeit des Beziehens abhängig. Völlig freie Wahl wird dem Batteriechef mit Rücksicht auf bereits eingesetzte, andere Truppen selten möglich sein.

140. Der Bereitstellungsraum soll folgende Bedingungen erfüllen:

1. Er soll gegen Erd- und Luftbeobachtung gedeckt sein.
2. Er soll möglichst panzersicher[120] sein.
3. Er darf nie vor der eigenen Infanterie liegen. Seine Sicherung durch Infanterieeinheiten muß gewährleistet sein.

---

[119] Siehe Glossar: Batteriechef.
[120] Siehe Glossar: Panzersicher.

4. Fester Boden und gute An- und Abmarschweg sind wesentlich für das Beziehen der Bereitstellung und das Hervorbrechen in die Sturmausgangsstellung. Verzögerungen, die durch ungenügende Wegeverhältnisse eintreten, können sich auf den rechtzeitigen Einsatz der Geschütze auswirken und damit den Anfangserfolg in Frage stellen.
5. Er soll nicht zu klein gewählt sein, damit die Fahrzeuge mit Zwischenräumen von wenigstens 30 m aufgestellt werden können. Für die Kampfstaffel einer Batterie können 150 mal 150 m als Anhalt gelten.

141. Für das Beziehen einer Bereitstellung gelten folgende Grundsätze:

1. Vorherige Erkundung des Raumes und Einteilung von Organen, die die Einweisung das Hineinführen der Truppe übernehmen. Es darf in der Nähe des Bereitstellungsraums weder Stockungen noch Fahrzeugansammlungen geben.
2. Tarnung aller Fahrzeuge; Erkundung von Abmarschwegen nach allen zu erwartenden Richtungen.
3. Ausstellung[121] von örtlichen Sicherungen ohne Rücksicht darauf, ob eigene Infanterie die Gesamtsicherung übernommen hat.
4. Einsatz des Späh- und Warndienstes, aktive Luft- und Panzerabwehr; Ausheben von Deckungslöchern.
5. Sofortige Verbindungsaufnahme der Züge und Staffeln zum Batteriechef[122] Verbindungsaufnahme der Batterie zu Nachbartruppen und zum höheren Führer.

---

[121] Wie im Original, es sollte vermutlich „Aufstellung" bedeuten. Es wäre eventuell auch „Ausstellung" korrekt, nämlich im Sinne von Sicherungen außerhalb der eigenen Linien „ausstellen". Allerdings ist dies eher unwahrscheinlich, vielen Dank an Roman Töppel für diesen Hinweis.
[122] Siehe Glossar: Batteriechef.

6. Maßnahme zur Auffrischung der Kampfkraft und Hebung der Gefechtsbereitschaft (Auftanken, Munitionieren, Verpflegen).

D. Die Sturmausgangsstellung.

142. Die Sturmausgangsstellung ist die Stellung, aus der das Sturmgeschütz zur Unterstützung des Infanterieangriffs hervorbricht. Meist werden sich daran erstes Instellunggehen und Feuereröffnung unmittelbar anschließen.

Gepanzerte Munitionskraftwagen, Kräder und übrige Teile der Kampfstaffel müssen sich weiter rückwärts bereithalten, unter Umständen im Bereitstellungsraum den Angriffsbeginn abwarten.

143. Maßgebend für die Auswahl der Sturmausgangsstellung ist die Überlegung, daß sie erst kurz bei Angriffsbeginn bezogen wird, in unmittelbarer Nähe der ersten Feuerstellung liegen soll und trotzdem Überraschung der Feuereröffnung gewahrt bleiben muß.

144. Die Sturmausgangsstellung soll daher folgende Bedingungen erfüllen:

1. Sie soll gegen Luft- und Erdbeobachtung gedeckt sein und trotzdem in der Nähe der ersten Feuerstellung liegen.

2. Zwischen den Geschützen eines Zuges soll Augenverbindung erhalten bleiben.

3. Der Infanterieverband, mit dem die Geschütze zusammenarbeiten, soll zu übersehen sein, wenn möglich, durch sein Führer in Sichtweite, damit das Hervorbrechen der Infanteristen zum Angriff beobachtet werden kann.

145. Für das Einfahren in die Sturmausgangsstellung gelten folgende Richtlinien:

1. Es hat möglichst geräuschlos und ohne Staubentwicklung zu geschehen. Schalltarnung durch schießende Artillerie oder schwere Waffen auszunutzen. Besonders das Quietschen der Gleisketten gibt dem Feind Hinweise für das Auftreten von Panzerfahrzeugen. Die Motoren sind sofort abzustellen.
2. Tarnmaterial für das Sturmgeschütz ist aus dem Bereitstellungsraum heraus mitzuführen. Wenig Bewegung in der Sturmausgangsstellung! Kein Meldeverkehr!
3. Wenn möglich, sind die beabsichtigte Feuerstellung und das Feindgelände zu beobachten. Jetzt ist letztmalig Gelegenheit, noch bestehende Unklarheiten durch einen Blick ins Gelände zu beseitigen.
4. „Geschütz klar zum Gefecht!" Es wird geladen und gesichert.

E. Die Feuerstellung.

146. Sie soll so sorgfältig erkundet und vorbereitet werden, daß nach dem Einfahren in die Stellung eine sofortige Feuereröffnung möglich ist. Für die erste Feuerstellung beim Hervorbrechen zum Angriff wird dies immer durchführbar sein. Schwierigkeiten treten im Verlauf des Angriff auf, wo eine Vorbereitung der Stellung unmöglich wird. Die eingebende Erkundung muß daher durch klaren Blick des Geschützführers und überlegtes Fahren des Sturmgeschützfahrers ersetzt werden.

Die Auswahl der ersten Feuerstellung obliegt dem Zugführer, im Verlauf des Angriffs ist der Geschützführer dafür verantwortlich.

147. Die durch die Eigenart des direkten Richtens[123] bedingte, offene Feuerstellung des Sturmgeschützes soll er feindlichen Beobachtung und Waffenwirkung soweit als möglich entzogen bleiben, also versteckt sein. Sie ist dann zweckentsprechend wenn das Geschütz den Feuerkampf eröffnen kann, ohne vorher erkannt zu werden und es dem Feind während des Feuerns schwer ist, den Standort des Geschützes auszumachen.

148. Folgenden Forderungen soll sie gerecht werden:

1. Die Feuerstellung soll möglichst versteckt sein. Das Geschütz darf nicht mehr als unbedingt erforderlich über die Deckung hinausragen. Stellungen in Mulden, hinter Dämmen und Erdhaufen sind günstig.
2. Sie muß möglichst senkrecht[124] zur Feindrichtung liegen, damit das Geschütz nicht in seiner verwundbaren Flanke gefaßt wird.
3. Sie soll so gelegen sein, daß aus ihr auf den Hauptkampfentfernungen geschossen werden kann. Zu weit abgesetzte Feuerstellungen verschlechtern die Trefferergebnisse; sind sie zu weit vorgeschoben, wird das Seitenrichtfeld zu gering.
4. Die Flugbahn darf durch Geländebewachung[125] nicht unterbrochen werden, da dann die eigene Infanterie durch Frühzerspringer[126] gefährdet wird.
5. Steile Hänge sind zu vermeiden, da das Geschütz dem Feind dann seine verwundbare untere Seite zukehrt und das Tiefenrichtfeld unter Umständen nicht ausreicht.

---

[123] Siehe Glossar: Richten, direkt.
[124] Altes Wort für „normal", also im rechten Winkel (90°) zur Feindstellung.
[125] Dies sollte „Geländebewachung" heißen.
[126] Gemeint sind Geschosse, die zu früh explodieren.

6. Bieten sich weder Geländeformen noch Bodenbedeckung für eine günstige Feuerstellung an, so kann es zweckmäßig sein, auch im Verlauf des Angriffs zunächst eine gedeckte Lauerstellung[127] wählen, aus der nach Art der Sturmausgangsstellung im geeigneten Augenblick zur Eröffnung des Feuers hervorgebrochen wird.

149. Das Einfahren in die Feuerstellung soll so geschehen, daß sich das Geschütz frühestens durch den ersten Schuß verrät. Hierzu ist folgendes zu beachten:

1. Beim Einfahren in die erste Feuerstellung sind die Vorbereitungen so weit getroffen, daß während des Vorfahrens keine Einweisungen mehr erforderlich sind.
Im Verlauf des Angriffs muß der Geschützführer möglichst aus der bisherigen Stellung spätestens beim Vorfahren, die nächste, günstige Feuerstellung erkennen und sie dem Sturmgeschützfahrer anweisen. Richtungspunkte sind dabei ein gutes Hilfsmittel. Gelingt das nicht, muß er durch Zurufe oder Zeichen auf die Lenkbewegungen des Fahrers Einfluß nehmen.
2. Müssen eingesehene Räume durchfahren werden, so sind sie schnell zu überwinden.
3. Es wird möglichst nur senkrecht[128] zur Feindrichtung gefahren. Etwa 10 m vor der neuen Feuerstellung soll das Geschütz bereits die für seine Feuereröffnung notwendige Richtung haben. Lenkbewegungen in der Feuerstellung sind zu vermeiden.

150. Das Sturmgeschütz bleibt grundsätzlich so lange in seiner Feuerstellung, bis alle von dort erkennbaren Ziele bekämpft sind. Erst dann ist ein Stellungswechsel gerechtfertigt.

---

[127] Siehe Glossar: Lauerstellung.
[128] Altes Wort für „normal", also im rechten Winkel (90°) zur Feindrichtung.

Ein vorzeitiges Zurückfahren in eine Deckung darf nur geschehen, wenn unmittelbare Vernichtung des Sturmgeschützes durch solche Waffen droht, deren es sich nicht erwehren kann oder sich das Sturmgeschütz verschossen hat oder aus anderen Gründen nicht mehr einsatzbereit ist.

Wird nach der Bekämpfung aller erreichbaren Ziele ein Stellungswechsel erforderlich, so geschieht er im allgemeinen nach vorwärts. Der Eigenart des Geländes entsprechend, kann es auch zweckmäßig sein, einen seitlichen Stellungswechsel vorzunehmen, um damit einen neuen Einblick in das Feindgelände zu erhalten. In diesem Falle ist besonders darauf zu achten, daß das Geschütz keine Bewegungen quer zur Front des Feindes macht, sondern seine neue Feuerstellung nach Zurückfahren in eine Deckung gewinnt.

F. Taktische Verwendung.

Vorbemerkung:

Die Richtlinien für den Einsatz der Sturmgeschützeinheiten sind im Merkblatt für Artillerie Nr. 34 vom 27.4.42 festgelegt.[129]

151. Vormarsch. Die Sturmgeschützbatterie ist weit vorn einzugliedern. Durch ihre rasche Feuerbereitschaft ist sie in der Lage, bei Begegnungsgefechten sofort eine artilleristische Unterstützung zu geben. Beim Marsch im Rahmen von Verbänden zu Fuß wird die Sturmgeschützbatterie sprungweise vorgezogen, Fahren mit der Geschwindigkeit der Infanterie schädigt die Motoren und erhöht den Betriebsstoffverbrauch.

Ist nicht mit Feindberührung zu rechnen, so ist es zweckmäßig, die Sturmgeschützbatterie während der Rast der Fußtruppen marschieren zu lassen.

---

[129] Siehe Ergänzung 1.

Fährt eine Sturmgeschützbatterie mit schnelleren motorisierten Truppenteilen (z. B. Kradschützen[130]) müssen sich diese der Geschwindigkeit der Sturmgeschütze anpassen.

Strenge Marschdisziplin, die während der Ausbildungszeit häufig zu üben und zu überwachen ist, zügiges, aber doch rücksichtsvolles Fahren, energisches Durchgreifen der Führer aller Grade, sowie Einhalten der von der Marschüberwachung gegebenen Anordnungen sind Voraussetzung für reibungslosen Marsch.

Der Batteriechef[131] oder der Offizier z. b. V.[132] müssen sich häufig persönlich von der Marschdisziplin überzeugen.

152. Angriff. Die Sturmgeschützbatterie ist möglichst frühzeitig dem Infanterietruppenteil, den sie unterstützen soll, zuzuführen.

Hierdurch ist weitgehende Verbindungaufnahme Aufklärung und Erkundung gewährleistet.

Im Angriff ist die Sturmgeschützbatterie besonders geeignet, die Ziele auszuschalten, die durch die Artillerie und die schweren Infanteriewaffen nicht zufassen sind. Für den Einsatz gibt es zwei Möglichkeiten:

1. Die Batterie wird gleich zu Beginn des Angriffs eingesetzt.
2. Die Batterie wird erst dann eingesetzt, wenn sich ein klares Bild über den Feind ergeben hat.

Es ist anzustreben, eine Sturmgeschützbatterie geschlossen[133] beim Schwerpunkt-Btl.[134] einzusetzen. Die Unterstellung eines Zuges unter ein anderes Btl. ist möglich, erschwert aber oft die Versorgung Die Sturmgeschütze bekämpfen den Feind aus der vordersten Infanterielinie. Ihr Angriffsschwung reißt die Infanterie mit vor. Sie bestimmen durch

---

[130] „Krad" ist eine Kurzform für „Kraftrad", ein altes Wort für Motorrad. Siehe Glossar: Krad. „Kradschützen" waren Infanteristen die sich auf Krädern fortbewegten und zum Teil auch kämpften.
[131] Siehe Glossar: Batteriechef.
[132] Offizier zur besonderen Verwendung. Siehe in B. Verbandsausbildung / Einsatz / Dienstgrade.
[133] Siehe Glossar: Einsatz, geschlossen.
[134] Schwerpunkt-Bataillon. Siehe Glossar: Bataillon, sowie Schwerpunkt.

Bewegung und Feuer die Geschwindigkeit des Angriffs.

In Krisenlagen sind es besonders die Führer der Sturmgeschütze, die durch nüchternes Wägen und kühnes Wagen das Gefecht zum Erfolg führen können.

Im Kampf durch die Tiefenzone[135] eines Hauptkampffeldes[136] werden sich häufig kleine Kampfgruppen bilden, mit denen einzelne Sturmgeschütze zusammenarbeiten. Hier muß jeder Sturmgeschützführer im höchstem Maße Einzelkämpfer sein und es verstehen, taktisch richtig zu handeln.

Gerade in schwierigen Lagen ist es erforderlich, daß die Versorgungs-Kfz. der Sturmgeschützbatterie (Munitionspanzerkraftwagen, einzelne Betriebsstoff-Lkw., Instandsetzungs-Fahrzeuge) sich selbständig nach vorn heranhalten.

Engste Zusammenarbeit mit allen Teilen der Infanterie führt zu einem Einsatz der Sturmgeschütze in den entscheidenden Punkten des Gefechtsfeldes. Die Infanterie bis zum letzten Schützen muß bestrebt sein, die Führer der Sturmgeschütze über Lage und über für sie besonders gefährliche Ziele dauernd auf dem laufenden zu halten.

153. V e r f o l g u n g . Es empfiehlt sich, Infanterie auf die Sturmgeschütze zu verladen. Mit diesen, begleitet von anderen motorisierten Waffen, ist der geschlagene Feind ohne Rücksicht auf Mensch und Material zu verfolgen. Häufig wird der Sturmgeschütz-Batteriechef[137] Führer der Verfolgungsgruppe sein.

Auftretender Widerstand ist sofort energisch zu brechen. Schwächerer Feind bleibt unberücksichtigt liegen und wird von nachfolgenden Teilen erledigt.

---

[135] Siehe Glossar: Tiefenzone.
[136] Siehe Glossar: Hauptkampffeld.
[137] Siehe Glossar: Batteriechef.

Hier führt kühnes Draufgehen aller Dienstgrade der Sturmgeschützbatterie immer zum Erfolg.

Vereinzeltes Schießen im Fahren erhöht die Demoralisierung des Feindes.

Besonders wichtig ist die Mitführung von Betriebsstoff und Munition sowie der vorsorglich geregelte Nachschub.

Es ist Aufgabe des Offiziers z. b. V. und des Hauptwachtmeisters[138], dem Batteriechef gerade bei der Verfolgung weitgehend die Sorgen um den Nachschub abzunehmen.

154. Verteidigung. Es ist falsch, Sturmgeschütze in der Hauptkampflinie[139] oder im Hauptkampffeld[140] als Bunker aufzustellen.

Die Sturmgeschützbatterie unterstützt Gegenstöße[141] und Gegenangriffe[142].

Ein frühzeitiger Gegenstoß bzw. -angriff mit Unterstützung von Sturmgeschützen wird meist den Erfolg des Feindes zum Scheitern bringen.

Die Sturmgeschützbatterie wird hierzu hinter dem Hauptkampffeld so bereitgestellt, daß sie schnell an jeder Stelle eingesetzt werden kann.

155. Abbrechen des Gefechts und Rückzug. Wichtig ist, daß auch in den schwierigsten Lagen Sturmgeschütze nie ohne Infanteriesicherung bleiben.

Auf Grund ihrer Panzerung und Beweglichkeit können Sturmgeschütze lange am Feind bleiben, ihn aufhalten, das Absetzen der eigenen Infanterie erleichtern und ihn durch häufigen Stellungswechsel über die eigene Stärke täuschen.

Die Infanterie kann auf den Sturmgeschützen mit zurückgenommen werden.

156. Einsatz im Rahmen einer Panzerdivision. Der Einsatz bei der Panzerbrigade[143] soll eine Ausnahme im Einsatz bilden.

---

[138] Siehe Glossar: Hauptfeldwebel / Hauptwachtmeister.
[139] Siehe Glossar: Hauptkampflinie.
[140] Siehe Glossar: Hauptkampffeld.
[141] Siehe Glossar: Gegenstoß.
[142] Siehe Glossar: Gegenangriff.
[143] Anmerkung: In 1942 gab es bei den Panzer-Divisionen keine Panzer-Brigade mehr, korrekt wäre hier beim Panzer-Regiment.

Der Einsatz bei der Schützenbrigade erfolgt nach den Grundsätzen der Unterstützung von Infanterie.

Die Versorgung ist leichter als bei der Infanteriedivision.

VI. Richtlinien für das Schießen.

A. Beobachtung.

157. Sorgfältige Beobachtung des Gefechtsfeldes und unermüdliche Zielaufklärung sind die Voraussetzung eines erfolgreichen Feuerkampfes. Hierfür ist jeder Geschützführer verantwortlich. Die Zielaufklärung ist möglichst frühzeitig einzuleiten. Bereits in der Bereitstellung und Sturmausgangsstellung muß der Geschützführer bestrebt sein, den Feuerkampf durch eigene Beobachtung vorzubereiten. Während des Gefechts darf er die vordere Linie der Infanterie nicht aus den Augen verlieren.

158. Vor Beginn des Einsatzes kann die spätere Zielansprache dadurch erleichtert werden, daß die verantwortlichen Führer eine Geländetaufe[144] vornehmen und diese bis an die Richtkanoniere, möglichst auch Sturmgeschützfahrer, weitergeben. Hierbei werden markante Punkte im Gelände mit einprägsamen Namen belegt. Eine Übernahme der Zielpunkte der Infanterie kann die Zusammenarbeit mit ihren schweren Waffen erleichtern. Die ersten Kampfentfernungen werden ermittelt. Bereits eingesetzte Infanterie kann Auskunft über gemessene und erschossene Entfernungen geben.

B. Zielansprache und Zielanwendung.

159. Bei der Eigenart des Feuerkampfes auf plötzlich auftauchende Ziele ist die Zielansprache in

---

[144] Siehe Glossar: Geländetaufe.

kürzeste Form zu bringen. Durch Zeigen auffallender oder in der Geländetaufe[145] benannter Punkte wird der Blick des Richtkanoniers in die gewollte Richtung gelenkt.

Beispiel:

„Roter Turm! - Pak[146]! -1000!" oder

„Rechte Ecke dunkler Wald; kurz davor Schützen! - 600!"

Eine besonders schnelle Zielanweisung, insbesondere auch Einweisung des Sturmgeschützfahrers, ist mit Hilfe des Uhrverfahrens möglich.

Hierzu ist die Fahrtrichtung 0 bzw. 12 Uhr. Die Entfernung wird in Metern angegeben.

Beispiel:

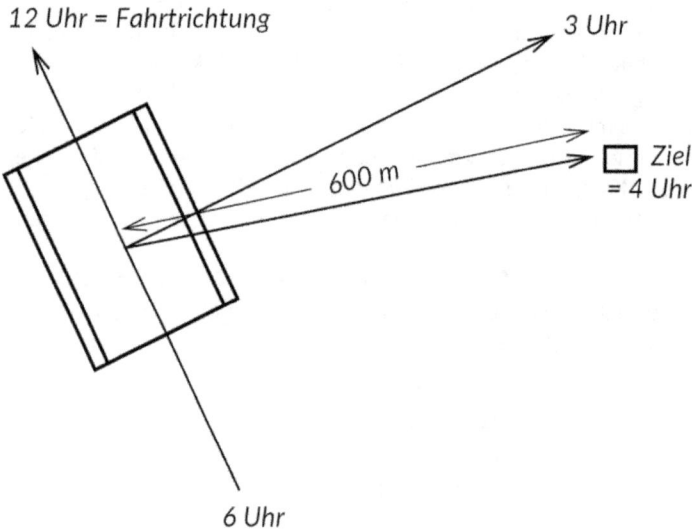

Kommando: „Pak! - 4 Uhr! - 600 m!"

---

[145] Siehe Glossar: Geländetaufe.
[146] Panzerabwehrkanone.

160. Für schwer erkennbare Ziele kommt Zielansprache nach H. Dv. 240[147], Ziffer 249 und 250 in Frage.

Oft wird das Anrichten des Zieles durch den Geschützführer am schnellsten zum Erfolg führen.

161. Während der Zielbekämpfung ist es dem Geschützführer oft möglich, weitere Ziele zu erkennen. Diese weist er dem Richtkanonier sofort nach Bekämpfung des bisherigen Zieles an, der so schnell als möglich auf das neue Ziel überschwenkt.

C. Feuereröffnung und Einstellen des Feuers.

162. Die Erlaubnis der ersten Feuereröffnung gibt der Zugführer bereits in der Sturmausgangsstellung. Das einzelne Geschütz eröffnet das Feuer auf den Befehl des Geschützführers selbständig. Mit dem Befehl „**Feuer – frei!**" wird dem Richtkanonier die Feuererlaubnis erteilt.

163. Oft wird es sich empfehlen, auch im zweiten Geschütz des Zuges die Zielbekämpfung nach der Anweisung durch den Geschützführer dem Richtkanonier zu überlassen. Hierdurch wird der Geschützführer für die Aufklärung neuer Ziele frei.

164. Die Wahl des richtigen Zeitpunktes der Feuereröffnung ist von entscheidender Bedeutung für den Kampferfolg. Klarer Blick für die Lage, eiserner Wille und ruhige Nerven der verantwortlichen Führer sowie straffe Feuerdisziplin der Geschützbedienung sind erforderlich. Ein feuerndes Geschütz ist bald erkannt. Beginnt es zu früh zu schießen, so wird es häufig durch die feindlichen Waffen früher erkannt, als es für den Verlauf des Angriffs erwünscht ist. Oft gelingt es dem Feind auch dadurch sich noch rechtzeitig in Sicherheit zu bringen.

---

[147] *H. Dv. 240: Schießvorschrift für Gewehr (Karabiner), leichtes Maschinengewehr und Pistole und Bestimmungen für das Werfen scharfer Handgranaten.*

Zu späte Feuereröffnung kann gefährlich werden, da die Bedienung nicht mehr genügend Zeit hat, des Gegners durch wohlgezieltes Feuer Herr zu werden.

165. Günstige Schußentfernungen sind nahe und mittlere Entfernungen (400-1000 m).

166. Auf das Kommando des Geschützführers: „H—a—lt!" ist sofort jedes Schießen zu unterbrechen.

D. Munitionseinsatz.

167. Alle verantwortlichen Führer der Kampfstaffel müssen jederzeit über die Menge der vorhandenen Munition und die Möglichkeiten ihrer Ergänzung unterrichtet sein.

Der voraussichtlichen Beschaffenheit der Ziele ist durch Mitnahme der jeweils geeigneten Munitionsart vorausschauend Rechnung zu tragen.

168. Gegen feldmäßig eingesetzte, schwere Waffen sollen in der Regel auf nahen Entfernungen 3 Schuß, auf mittleren Entfernungen 5 bis 8 Schuß genügen, um mit einem Volltreffer zu vernichtender Wirkung zu kommen.

169. Sofort nach Erfüllung des Kampfauftrages ist grundsätzlich aus den Munitionspanzerkraftwagen zu munitionieren.

E. Schießverfahren.

170. Gegen offene und schlecht verdeckte, auch feldmäßig eingebaute Infanteriewaffen, einzelne Geschütze und Schützennester[148]:

Das Einschießen beginnt auf der nach oben abgerundeten, geschätzten Entfernung. Hierbei ist zu berücksichtigen, daß im Sinne einer schnellen Feuerfolge der erste Schuß möglichst ein Weitschuß ist, damit das

---

[148] Siehe Glossar: Nest.

Ziel durch die Sprengwolke nicht verdeckt wird und nächsten Schüsse sich schnell anschließen können.

Es wird bei Zielentfernungen

> unter 800 m eine 100 m-Gabel,

bei Entfernungen

> über 800 m eine 200 m-Gabel

gebildet. Sie wird bis auf 50 m verengt. Noch notwendige, kleine Entfernungsverbesserungen werden je nach Beobachtung durch das Kommando: „Höher!" („Tiefer!") gegeben.

Seitenverbesserungen werden durch das Kommando: „**Rechts (links) anrichten!**" gegeben.

Beispiel.

Geschätzte Entfernung: 550 m.

Anfangskommando: „**Rotes Haus - davor MG. 600! - Feuer frei!**"

Kommando:	Beobachtung:
1. „600!"	weit
2. „500!"	kurz
3. „550!"	kurz
4. „Höher!"	weit (anscheinend in unmittelbarer Nähe des Ziels)
5. „**Dieselbe Entfernung!**" Treffer	

Munition: Sprenggranaten A.Z.[149]

171. Gegen entwickelt[150] angreifende oder sich verteidigende Schützen:

Es ist nur zu schießen, wenn des Feuer der anderen schwere Waffen offensichtlich nicht ausreicht.

Man bildet gegen den vorderen Rand der Schützen die 100 m-Gabel und beginnt das Wirkungsschießen

---

[149] Aufschlagzünder.
[150] Siehe Glossar: Entwicklung.

auf der kurzen Gabelgrenze. Je nach Ausdehnung des Zieles ist in Sprüngen von 50 m mehrmals durch das Ziel zu gehen. Hierbei sind die als unwirksam erkannten Entfernungen fortzulassen und je nach Beobachtung Wirkung versprechende Entfernungen hinzuzunehmen.

Beim Schießen gegen zurückgehende Schützen ist sinngemäß zu verfahren.

Munition: Sprgr. Az.[151], oder Az. m. V.[152] (Abpraller[153]).

172. Gegen Panzerkampfwagen:

Gegen Panzerkampfwagen wird das Feuer erst eröffnet, wenn das Ziel auf 600 m heran ist.

Das Geschütz schießt sich auf den Panzerkampfwagen grob ein.

Seitlicher Bewegung ist im Kommando, z. B. „**1 Zielbreite vorhalten!**", Rechnung zu tragen.

Das Wirkungsschießen beginnt:

bei vorfahrenden Panzerkampfwagen auf der kurzen Gabelgrenze; zu frühes Abbrechen ist zu vermeiden, da nur Schüsse, die durch den Panzerkampfwagen hindurchgehen Wirkung bringen;

bei zurückfahrenden Panzerkampfwagen auf der weiten Gabelgrenze;

bei seitwärts fahrenden Panzerkampfwagen auf der weiten Gabelgrenze.

Treten Panzerkampfwagen auf Entfernungen von 400 m und darunter auf, so unterbleibt eine Gabelbildung. Mit Rücksicht auf den bestrichenen Raum behält man die Einstellung 400 m bei. Bleiben Panzerkampfwagen stehen, schießt man sich auf sie genau ein.

Munition: Panzerbrechende Granaten, wenn diese nicht vorhanden sind, Sprenggranate A.Z.[154]

---

[151] Sprenggranate Aufschlagzünder, üblicherweise mit „A. Z." abgekürzt, nicht mit „Az..
[152] Aufschlagzünder mit Verzögerung.
[153] Siehe Glossar: Abpraller.
[154] Aufschlagzünder.

Ist ein Panzerkampfwagen außer Gefecht gesetzt, so geht das Geschütz mit seinem Feuer auf Befehl des Geschützführers auf das nächste Einzelziel über.

Der Zugführer wahrt sich seinen Einfluß durch Angabe von Zielen, sofern dies nach der Gefechtslage möglich ist.

Anzustreben sind Treffer auf den Drehkranz des Turmes, auf Kugelblenden, Sehschlitze, Laufwerk und Ketten. Bei manchen Typen empfiehlt sich der Beschuß von hinten in den Motorenraum oder aber direkt in die Seite. Kenntnis der Typen feindlicher Kampfwagen und ihren verwundbaren Stellen ist hierbei unerläßlich.

173. Gegen Erd-, Holz-, Stein- und Betonbunker:

Im allgemeinen ist nur gegen die Scharten ausreichende Wirkung zu erwarten.

Bekämpfung erfolgt sinngemäß wie Punktziele. Munition Panzerbrechende[155] Granate oder Sprenggranate m. V.[156]

VII. Nachrichtenverbindungen.

174. Die Batterie verfügt über die nach K. A. N.[157] zuständigen Nachrichtenmittel.

175. An Verbindungen kommen im Gefecht nur Funk und Kradmelder[158] in Frage. Der Einsatz der Funkverbindung ist in dem Anhang „Richtlinien für den Funkverkehr der Sturmartillerie" festgelegt.

176. Die Flaggenzeichen dienen in Ausnahmefällen zur Vervollständigung der Nachrichtenmittel.

In Zusammenarbeit mit der Infanterie und Artillerie kann die Anwendung von Leucht- und Sichtzeichen erforderlich werden.

177. Zur Befehlsübermittlung im Geschütz dient die Bordsprechanlage.

---

[155] Großschreibung wie im Original.
[156] Mit Verzögerung.
[157] Kriegsausrüstungsnachweisung. Siehe Glossar: Kriegsausrüstungsnachweisung.
[158] „Krad" ist eine Kurzform für „Kraftrad", ein altes Wort für Motorrad. Siehe Glossar: Krad.

VIII. Späh- und Warndienst.

178. Der Späh- und Warndienst soll die Batterie gegen Überraschungen durch feindliche Flugzeuge und Panzerkampfwagen auf dem Marsch, bei der Rast in der Bereitstellung und Unterkunft sichern. Er soll der Truppe die Möglichkeit geben, sich der feindlichen Luftaufklärung und der Wirkung feindlicher Luftangriffe rechtzeitig zu entziehen und Tiefflieger- und Panzerangriffe abzuwehren.

Auf dem Gefechtsfeld sichert sich jede Fahrzeugbesatzung selbst. Besondere Wahrnehmungen sind unverzüglich weiterzumelden.

179. Ist mit Tieffliegerangriffen zu rechnen und gestatten es die Straßenverhältnisse, so kann Fliegermarschtiefe befohlen werden. Beim Angriff der feindlichen Flugzeuge kann es zweckmäßig sein die Straße zum Aufsuchen von Deckungen zu verlassen. Hierzu bedarf es eines Befehls des Batteriechefs[159]. Sonst setzt die Batterie ihren Marsch fort.

180. Die Späher und Sicherer müssen gutes Seh- und Hörvermögen sowie rasche Auffassungsgabe und Entschlußfähigkeit besitzen und für ihren Dienst besonders ausgebildet sein. Vor allem ist die Kenntnis der verschiedenen Flugzeugtypen sowie ihre Angriffsformen und -arten zu fordern. Sie sind mit Sonnenbrillen und Ferngläsern auszustatten und tragen keinen Stahlhelm.

181. Falls der Späh- und Warndienst auf dem Marsch durch den Truppenführer nicht besonders befohlen wird, regelt die Batterie diesen Dienst selbst. Die Luftspäher halten sich im allgemeinen in unmittelbarer Nähe des Batteriechefs auf, ihre Zuteilung an das Ende der Marschkolonne kann jedoch

---

[159] Siehe Glossar: Batteriechef.

zweckmäßig sein. Als Sicherer sind Fahrzeugführer entlang der gesamten Kolonne einzuteilen.

182. Bei der Rast, in der Unterkunft und Bereitstellung geht der Späh- und Warndienst im allgemeinen auf die Bedienung der Luftschutz-M. G. und die örtlichen Sicherungen über. Es ist dafür zu sorgen, daß bei der Ablösung keine Unterbrechung ihrer Tätigkeit eintritt. In diesem Falle suchen auf Flieger- und Panzerwarnung die nicht zur Abwehr bestimmten Mannschaften ohne weiteren Befehl eine Deckung auf, soweit es die Verhältnisse erfordern.

Luftschutz-M. G. und weitere verfügbare M. G. gehen zur Flugabwehr selbständig in Stellung. Die Sturmgeschütze wählen sich zur Panzerabwehr günstige Stellungen aus und erwarten den Gegner.

IX. Flugabwehr.

183. Zur Flugabwehr geeignete Waffen der Batterie sind bis 1000 m das le. M. G.[160] und bis 500 m das Gewehr. Das Schießen auf weiteren Entfernungen ist verboten. Bei Nacht unterbleibt eine Bekämpfung von Flugzeugen durch Abwehrwaffen der Batterie.

184. Da stets mit überraschendem Auftreten feindlicher Flugzeuge zu rechnen ist, müssen die Vorbereitungen zur Abwehr vorausschauend getroffen werden. Der Späh- und Warndienst gewährleistet eine rechtzeitige Alarmierung der Abwehrwaffen. Diese müssen durch besondere Wendigkeit die sofortige Feuereröffnung sicherstellen.

185. Auf dem Marsch, bei der Rast, in der Unterkunft und Bereitstellung erfolgt der M. G. und Gewehre im allgemeinen auf Befehl des Batteriechefs[161]. Bei der Länge der Marschkolonne kann es

---

[160] Leichte Maschinengewehr.
[161] Siehe Glossar: Batteriechef.

zweckmäßig sein, vor Antreten, des Marsches allgemeine Verhaltungsmaßregeln zu geben für den Fall, daß der Batteriechef[162] bei einem feindlichen Luftangriff nicht schnell genug erreichbar ist.

186. Im Gefecht kann jeder Führer seine Mannschaft, die nicht im Erdkampf gebunden ist, vorübergehend zur Bekämpfung von Flugzielen einsetzen. Er muß sich aber darüber im klaren sein, daß er hiermit eine bisher vielleicht gute Stellung verrät.

187. Beim Einsatz von M. G. ist eine wirksame Bekämpfung von Flugzielen u. a. nur durch Einsatz mehrerer M. G. möglich. Es empfiehlt sich daher, die Luftschutz-M. G. des Kfz. 4[163] durch M. G. aus den Geschützen zu verstärken.

Bei der Auswahl der Stellungen für die M. G. ist darauf zu achten, daß die feindlichen Flugzeuge schon bei ihrem Anflug frühzeitig unter Feuer genommen werden können. Die günstigsten Stellungen liegen in einem Abstand von 300 m von der zu schützenden Truppe.

Um den toten Trichter über dem einzelnen M. G. auszuschalten, werden diese zweckmäßig gestaffelt mit Zwischenräumen und Abständen von etwa 100 m aufgestellt.

188. Auf Schußfeld und Beobachtungsmöglichkeit nach allen Seiten ist zu achten. Zur Tarnung sind Gegenstände zu verwenden, die schnell entfernt werden können. Die beste Tarnung ist Vermeidung jeder Bewegung bis zur Feuereröffnung.

189. Flugziele sind, sobald sie sichtbar werden, anzuvisieren, auch wenn sie noch nicht einwandfrei als feindliche erkannt sind. Nur dann können die M. G. rechtzeitig zum Schießen kommen. Sobald die Flugziele zweifelsfrei als feindliche erkannt sind und in den Wirkungsbereich der Waffe kommen, gibt der

---

[162] Siehe Glossar: Batteriechef.
[163] Truppenluftschutzwagen war zu Flugabwehr mit zwei 7,92 mm MG 34 ausgestattet. Es handelt sich hierbei um eine Variante des leichten Einheits-PKW der Wehrmacht. Siehe Fahrzeug(klassen)verzeichnis.

M. G.-Führer durch ein verabredetes Zeichen oder dadurch, daß er das Leit-M. G. feuern läßt, den Befehl zur Feuereröffnung.

190. Eine Zielanweisung an die einzelnen M. G. kann in der Regel nicht erfolgen. Daher vereinigen die M. G. ihr Feuer zu Beginn des Schießens auf das vorderste oder am tiefsten fliegende Flugziel. Im weiteren Verlauf der Abwehr ist von allen M. G. das Flugziel unter Feuer zu nehmen, das von dem Leit-M. G. bekämpft wird.

Beim Einsatz von Gewehren ist anzustreben, mindestens 40 Gewehre unter dem Befehl eines Führers zur Abwehr zusammenzufassen. Der Einsatz geringerer Zahlen ist zwecklos. Grundsätzlich wird auf das am nächsten befindliche Flugziel geschossen.

Es wird je nach den Geländeverhältnissen im Anschlag stehend, kniend, sitzend oder liegend gefeuert. Jede Aufstellung, in der sich die Kanoniere gegenseitig nicht hindern, ist zur Abgabe des Feuers zulässig.

191. Die Entfernungsermittlung erfolgt durch Schätzen. Hierbei dient folgendes als Anhalt.

Es sind bei guter Sicht und ohne Doppelglas[164] zu erkennen:

Die Hoheitsabzeichen ab 1200 m;

das Fahrgestell und an den Tragflächen aufgehängte Bomben kleinen Kalibers ab 800 m;

die Köpfe der Insassen ab 300 m.

192. Es ist, soweit vorhanden, S. m. K.-Munition[165] zu verwenden. In der Munition der M. G. ist nach Möglichkeit, besonders beim Leit-M. G., S. m. K. L.-Spur-Munition[166] im Verhältnis 3 : 1 einzugurten.

193. Die beste Luftabwehr sind vorausschauende Maßnahmen, wie Entfaltung[167] der Truppe und Tar-

---

[164] Siehe Glossar: Doppelglas / Doppelfernrohr.
[165] Spitzgeschoß mit Kern, d.h. ein Teil des Geschoßes enthielt einen gehärteten Stahlkern. Siehe Glossar: Spitzgeschoß mit Kern.
[166] Spitzgeschoß mit Kern Leucht-Spur. Siehe Glossar Spitzgeschoß mit Kern Leucht-Spur.
[167] Siehe Glossar: Entfaltung.

nung. Staubentwicklung eines marschierenden Verbandes erleichtert dem Flieger seine Aufklärung. Nachtmärsche ohne Licht sichern am besten gegen Fliegergefahr.

X. Panzerabwehr.

194. Wird die Kampfstaffel im Gefecht oder auf dem Marsch durch feindliche Panzerkampfwagen angegriffen, so suchen sich die Sturmgeschütze günstige Feuerstellungen, wehren den Gegner ab und vernichten die feindlichen Panzer mit Panzergranaten. Nicht benötigte Fahrzeuge fahren in Deckung.

195. Wird innerhalb der geschlossenen Batterie Panzerwarnung gegeben oder steht ein feindlicher Panzerangriff unmittelbar bevor, so übernehmen die Sturmgeschütze die aktive Abwehr. Den Befehl zur Feuereröffnung gibt der Batteriechef[168] oder ein Zugführer. Die übrigen Fahrzeuge machen die Schußrichtung frei, räumen möglichst die Straßen und fahren in Deckung. Die Bedienungen sitzen ab und erspähen eine Gelegenheit, durchbrechende Panzerkampfwagen im Nahkampf zu erledigen. Hierzu kommen je nach Typ des Kampfwagens geballte Ladungen[169] und Handgranaten in Frage oder das Aufspringen einzelner Kanoniere, um die aus dem Turm ragenden Waffen außer Gefecht zu setzen.

In Ausnahmefällen, wenn es darauf ankommt, den Sturmgeschützen Zeit zum Einsatz zu verschaffen, kann es zweckmäßig sein, die Straße mit eigenen Fahrzeugen zu sperren, um damit die feindlichen Panzer aufzuhalten.

XI. Nahverteidigung.

196. Jeder Teil der Batterie muß immer darauf gefaßt sein, sich gegen Überfälle feindlicher Infan-

---

[168] Siehe Glossar: Batteriechef.
[169] Siehe Glossar: Ladung, geballte.

teristen verteidigen und mit der blanken Waffe kämpfen zu müssen.

197. Die Sturmgeschütze und Munitionspanzerkraftwagen verteidigen sich im Nahkampf mit Geschütz, M. P., M. G. und Handgranaten. Verteilung der Aufgaben im Geschütz siehe Ziffer 132.

Befindet sich das Sturmgeschütz im Nahkampf, ist es fast immer am vorteilhaftesten, den Kampf aus dem Geschütz heraus zu führen. Das Aussteigen bietet dem Feind Gelegenheit, die Bedienung abzuschießen.

198. Die ungepanzerten Teile der Batterie erwehren sich feindlicher Überfälle mit M. G., M. P., Gewehren und Handgranaten. Es ist zweckmäßig, einzelne der M. G. aus der Geschützstaffel den Trossen zuzuteilen, damit jeder auf sich allein gestellte Verband wenigstens über 1 M. G. verfügt.

Die Luftabwehr-M. G. sollen bereits zu Beginn ihres Einsatzes Stellungen erkunden, aus denen sie auch den Feuerkampf gegen einen Erdgegner führen können.

199. Nur wenn ein Sturmgeschütz bewegungsunfähig geworden ist und seine Vernichtung durch Feindeinwirkung unmittelbar bevorsteht, darf es von der Bedienung verlassen werden. Das Geschütz ist durch Sprengmittel zu vernichten. Wichtige Teile, wie Selbstfahrlafettenzielfernrohr, Funkgerät und Funkunterlagen dürfen nicht in Feindeshand fallen.

XII. Kommandos, Befehle und Führungszeichen.

200. Kommandos und Befehle wirken durch die Art, in der sie gegeben werden. Ruhe, Sicherheit und Bestimmtheit im Ton sind Vorbedingungen guter Kommandosprache und Befehlsgebung.

201. Kommandos sind in ihrem Wortlaut durch die Vorschriften festgelegt. Sie bestehen häufig aus Ankündigungs- und Ausführungskommando. An diesem Fall ist zwischen beiden eine Sprechpause zu machen. Ankündigungskommandos sind klar und ruhig, Ausführungskommandos kurz und scharf zu geben, wenn eine exerziermäßige Ausführung verlangt wird.

202. Bei Befehlen ist im Gegensatz zu Kommandos kein Wortlaut vorgeschrieben. Sie sollen in kurzer einfacher Sprache den Willen klar und lückenlos zum Ausdruck bringen. Werden mündliche Befehle an einzelne Soldaten erteilt, sind sie unaufgefordert zu wiederholen. Der Befehlende darf den betreffenden Soldaten erst zur Ausführung des Befehls entlassen, wenn die Wiederholung geschehen ist. Ein an eine Abteilung[170] gegebener Befehl wird nur auf besondere Anordnung von dem Führer oder einem zu bestimmenden Soldaten wiederholt.

203. Zeichen dienen zur lautlosen Befehlsübermittlung und zur Zeitersparnis bei der Befehlsübermittlung auf größeren Entfernungen. Sie werden häufig angewandt, wenn im Kampf oder auf dem Marsch Kommandos oder Befehle nicht gegeben werden können. Durch den Gebrauch der Signalpfeife vor Abgabe des Zeichens kann die Aufmerksamkeit auf den Führer gelenkt werden.

Bei allen Zeichen muß die Pause zwischen Ankündigungszeichen (Hochhalten des Armes oder Pfeifen) und Ausführungszeichen um so größer sein, je länger die Einheit oder der Verband ist, damit auch die zuletzt marschierenden Teile auf das Ausführungszeichen vorbereitet sind. Bei Nacht empfiehlt es sich, die Zeichen durch eine der Marschrichtung entgegen aufleuchtende Taschen-

---

[170] Abteilung ist hier im Sinne es allgemeinen Truppenteils zu verstehen, nicht als eine Abteilung, welche aus mehreren Kompanien / Batterien besteht.

lampe zu geben; unter Umständen können zur Vermeidung von Irrtümern verschiedenfarbige Lampen benutzt werden.

204. Die Führungszeichen für den Marsch sind für alle motorisierten Einheiten gleich.

Sie werden mit Zeichenstäben oder mit den Armen gegeben. Bei Dunkelheit und Nebel werden Taschenlampen mit mehrfarbigem Licht benutzt (grün: Marsch; rot: Halt; weiß: während des Halts).

205. Der Führer wählt seinen Platz zum Zeichengeben so, daß er von den Kraftfahrzeugen aus zu sehen ist.

206. Die Zeichen sind durch die Fahrzeugführer zu wiederholen. Sind die Besatzungen aufgesessen, sind die Zeichen in geschlossenen Kraftfahrzeugen für die Besatzungen nachzukommandieren.

207. In der Fahrt werden die Zeichen so lange gegeben, bis der nächste Fahrzeugführer das Zeichen weitergegeben oder wiederholt hat. Sind in einem Verband geschlossene oder mit Aufbauten versehene Kraftfahrzeuge, bei welchen die Übersicht erschwert ist, so muß die Besatzung bei Weitergabe der Zeichen zusammenarbeiten.

208. Das Erscheinen des Zeichens ist das Ankündigungskommando das Verschwinden des Zeichens das Ausführungskommando.

209. Zusammenstellung der Zeichen siehe Anhang 4.

XIII. Waffentechnische Bestimmungen
siehe D 218[171].

---

[171] Laut dem Eintrag beim Bundesarchiv sollte dies die Vorschrift *D 218: 7,5 cm Sturmkanone. Beschreibung* sein.

[Leere Seite wie im Original]

Anhang 1.

Anweisung für den Funkverkehr des Sturmgeschützes.

A. Allgemeines.

1. Die „Anweisung für den Funkverkehr der Sturmartillerie" ergänzt die H. Dv. 421/4 b[172] und die D 613/12[173]. Soweit in dieser Anweisung nichts anderes bestimmt ist, gelten die genannten Vorschriften sinngemäß.

2. Die Funkverbindung ist das brauchbarste Führungsmittel der Sturmgeschütz-Einheiten; sie muß daher zuverlässig und schnell arbeiten.

Man darf nur das Nötige in klaren Kommandos und einfachster Befehls- und Meldesprache funken. Lange Sprüche sind zu vermeiden. Sie werden leicht verstümmelt, kommen meist zu spät an und halten den Verkehr auf.

3. Lediglich die Tatsache, daß ein Ultrakurzwellengerät benutzt wird verrät dem Feind die Anwesenheit von Sturmgeschütz-Einheiten oder Panzertruppen. Eine zu frühe Eröffnung des Funkverkehrs gibt ihm die Möglichkeit Gegenmaßnahmen zu treffen. Dies ist bestimmend für den Beginn des Funkverkehrs und den Zeitpunkt des Abstimmens an der Betriebsantenne.

Der Truppenführer ist daher allein für das Eröffnen des Funkverkehrs verantwortlich und muß dies

---

[172] H. Dv. 421/24: *Ausbildungsvorschrift für die Nachrichtentruppe. Heft 4b: Funkbetrieb.*
[173] D 613/12: *Vorläufige Anweisungen für die Ausbildung von Panzereinheiten. Teil 12: Anweisung für den Funkverkehr der Panzerverbände.*

unter Anpassung an die gegebene Lage ausdrücklich befehlen.

4. Der Funkverkehr wird daher im allgemeinen erst bei Feindberührung, im Falle vorheriger Bereitstellung erst mit Angriffsbeginn eröffnet werden können.

Vorheriges Abstimmen an der Betriebsantenne ist verboten.

B. Aufgaben des Nachrichtenoffiziers der Abteilung und des Nachrichtenunteroffiziers des Batterietrupps.

5. Vom Kommandeur der Sturmgeschütz-Abteilung ist ein Offizier als Nachrichtenoffizier zu bestimmen. Er bearbeitet die Betriebsunterlagen für den Funkverkehr, gibt sie zeitgerecht aus und regelt den Funkverkehr der Abteilung nach den Weisungen eines Kommandeurs. Er sorgt für Ersatz ausgefallener Geräte und hält die Verbindung zum Nachrichtenpark der Division.

Im Gefecht unterstützt er den Kommandeur in der Durchführung des Funkverkehrs beim Abteilungsstab.

6. Ein Nachrichtenunteroffizier des Batterietrupps ist für die Einsatzbereitschaft der Funkgeräte in der Batterie verantwortlich zu machen. Hierzu überwacht er die Funker der Geschütze und die Verbindungsunteroffiziere in ihrer Tätigkeit als Funker. Er sorgt für rechtzeitigen Ersatz und Instandsetzung ausgefallener Geräte. Nach den Weisungen des Nachrichtenoffiziers der Abteilung oder des Verbandes, mit dem die Batterie zusammenarbeitet, verteilt er die Betriebsunterlagen für den Funkverkehr. Vor jedem Einsatz veranlaßt er die Überprüfung der

Frequenzgenauigkeit aller Geräte zur Erzielung eines störungsfreien Verkehrs.

C. Dienstbetrieb in den Gefechtsfahrzeugen.

7. In den Führergeschützen werden Sender und erster Empfänger durch den Funker (zugleich Ladekanonier) bedient, der zweite Empfänger durch den Batterie- bzw. Zugführer. Die Arbeitsverteilung in den Führer-Pkw. ist die gleiche.

In den übrigen Geschützen werden Sender und Empfänger durch den Funker (zugleich Ladekanonier) bedient.

8. Im Geschütz und Pkw. des Batterieführers steht der erste Empfänger auf Empfang für den Batteriestern[174], der zweite zur Abteilung; der Sender ist auf den Kanal des Batteriesterns und den der Abteilung gerastet.

Im Zugführergeschütz steht der erste Empfänger auf Empfang für den Zugstern[175], der zweite zum Batterieführer[176]: der Sender ist auf den Kanal des Zugsternes und den der Batterie gerastet.

In den übrigen Geschützen steht der Empfänger auf Empfang zum Zugführer; der Sender ist auf den Kanal des Zugsterns gerastet.

9. In den gepanzerten Munitionswagen bedient der Munitionskanonier (zugleich Funker) den Sender und den Empfänger, der auf Empfang zum Zugführer steht.

10. In den Tornisterfunkgeräten[177] der Verbindungsunteroffiziere wird der Kanal des Batteriesterns bzw. Zugsterns gerastet. Der Empfänger steht für den gleichen Stern auf Empfang.

---

[174] Siehe Glossar: Stern (Funk).
[175] Siehe Glossar: Stern (Funk).
[176] Siehe Glossar: Batterieführer.
[177] Tornister ist ein militärischer Rucksack.

D. Geheimhalten und Tarnen des Funkverkehrs.

11. Beim Anmarsch sowie in der Bereitstellung ist grundsätzlich Funkstille zu halten. Die Eröffnung des Funkverkehrs ist nur gestattet

    a)   auf Befehl des verantwortlichen Führers,
    b)   selbständig bei plötzlicher Feindberührung.

12. Die Durchgabe von Klartextsprüchen, welche spätere Maßnahmen enthalten und für den Feind noch auswertbar sind (z. B. Angriffsziele, Raum zum Sammeln der Batterie usw.) ist verboten. Derartige Sprüche sind nach Ziffer 13 zu tarnen.

Dagegen können Sprüche, welche sich sofort in Waffenwirkung umsetzen (z. B. Zielanweisungen, Feuerkommandos usw.), im Klartext gefunkt werden. Dies wird am häufigsten der Fall sein.

13. Funksprüche sind wie folgt zu tarnen:

    Truppenbezeichnungen durch Decknamen,

    Personennamen durch Angabe der Dienststellung in Verbindung mit dem Decknamen des betreffenden Truppenteils (z. B. Führer Tiger),

    Geländepunkte durch Tarnzeichen, Zielgevierttafel[178], Stoßlinienverfahren[179] oder Koordinatenschlüssel[180],

    Uhrzeiten durch X-Zeiten[181],

    Himmelsrichtungen durch Ziffern

        (Norden = 30), also;
        (Osten = 10), (Nordost = 31),
        (Süden = 40), (Südwest = 42),
        (Westen = 20),

    Taktische Begriffe durch Verfügungssignale.

---

[178] Siehe Glossar: Zielgevierttafel.
[179] Siehe Glossar: Stoßlinie.
[180] Siehe Glossar: Koordinatenschlüssel.
[181] Siehe Glossar: X-Zeit.

14. Der Nachrichtenoffizier, der Nachrichtenunteroffizier des Batterietrupps, die Verbindungsunteroffiziere und der Führer jedes Gefechtsfahrzeugs ist für die Aufbewahrung und bei Gefahr des Verlustes für die Vernichtung aller Betriebsunterlagen oder geheimen Gegenstände in seinem Wagen verantwortlich. Rechtzeitiges Bereithalten von Handgranaten ist erforderlich.

E. Betriebsunterlagen.

15. Zu den Betriebsunterlagen gehören:

Die Funktafel[182],
die Zielgevierttafel[183],
der Koordinatenschlüssel[184],
Lineal und Dreieck für das Stoßlinienverfahren[185],
Funkunterlagen höherer oder benachbarter Dienststellen.

I. Aufstellung der Decknamen- und Kanalverteilung (Funkplan).

16. Die Decknamen- und Kanalverteilung wird durch die höhere Führung[186] aufgestellt und an die unterstellten Truppen zur Verwendung und Weiterleitung ausgegeben.

17. Es werden drei Serien (A - C) ausgegeben, die für jede Kampfhandlung gewechselt werden sollen. Jede Serie enthält die verfügbaren Decknamen und Kanäle. Der Nachrichtenoffizier befiehlt die zu benutzende Serie.

18. Der Kanalabstand benachbarter Verkehrssterne (etwa 500 m) beträgt mindestens. 2 Kanäle = 100 kHz, der nicht benachbarter (über 500m) mindestens 1 Kanal = 50 kHz.

---

[182] Siehe nächste Seite.
[183] Siehe Glossar: Zielgevierttafel.
[184] Siehe Glossar: Koordinatenschlüssel.
[185] Siehe Glossar: Stoßlinie.
[186] Siehe Glossar: Führung, höhere.

19. Decknamen sind nur bis zu den Zugführen hinab festzulegen, die einzelnen Geschütze und der Munitionswagen des Zuges werden mit dem Decknamen derselben und einer Ziffer bezeichnet (z. B. „Iltis 1", „Iltis 2" usw.). Sämtliche Verbindungsunteroffiziere erhalten einen Beinamen, z. B. „Emil" („Iltis-Emil").

II. Die Funktafel.

20. Die Funktafel (siehe Anlage) enthält alle Unterlagen, die zur Durchführung des Funkbetriebs notwendig sind. Sie ist in allen Geschützen, gepanzerten Munitionswagen und von den Verbindungsunteroffizieren zu führen.

21. Die Funktafel enthält:

    a) den Funkplan (Decknamen- und Kanalverteilung),
    b) die Befehlssignale (Verfügungssignale für taktische Begriffe),
    c) die Tarnzeichen,
    d) die Auflegepunkte für Zielgevierttafel[187],
    e) die Stoßlinien-Anlegepunkte[188],
    f) den Koordinatenschlüssel[189],
    g) die X-Zeit[190],
    h) die Tarnbezeichnung der Himmelsrichtungen.

22. Für die Zielgevierttafel werden im allgemeinen mehrere Auflegepunkte befohlen. Vor die Angabe des Kreuzes ist die Ziffer des benutzten Auflegepunktes zu setzen, z. B. 1 l o k[191].

Das zu benutzende Kreuz ist im Spruch jeweils anzugeben, z. B. lok[192]. Die Anwendung des Signals zgv[193]. ist verboten.

23. Für die Anwendung des Stoßlinienverfahrens gilt folgendes:

---

[187] Siehe Glossar: Zielgevierttafel.
[188] Siehe Glossar: Stoßlinie.
[189] Siehe Glossar: Koordinatenschlüssel.
[190] Siehe Glossar: X-Zeit.
[191] „lok" war im Original in lateinischer Schrift, gesperrt und nicht in Fraktur gedruckt.
[192] „lok" war im Original in lateinischer Schrift und nicht in Fraktur gedruckt.
[193] „zgv" war im Original in lateinischer Schrift und nicht in Fraktur gedruckt.

2 Kartenpunkte im Bewegungsstreifen des Truppenverbandes werden auf der Karte miteinander verbunden. Diese Verbindungslinie, Stoßlinie genannt, muß in der Angriffsrichtung liegen. Auf ihr wird eine cm-Einteilung vorgenommen, wobei der Nullpunkt etwa in Höhe der Ausgangsbasis des Truppenverbandes liegt. Zur Bezeichnung eines bestimmten Punktes wird von ihm eine Senkrechte[194] auf die Stoßlinie gefällt. Die Lage dieses Punktes ist dann festgelegt

1. durch den Abstand des Punktes von der Stoßlinie und
2. durch die Entfernung des Fußpunktes des gefällten Lotes vom Nullpunkt der Stoßlinie.

B e i s p i e l :

Der Punkt A liege 5,4 cm links der Stoßlinie; der Abstand des Lotes vom Nullpunkt betrage 10,5 cm. Die Ortsangabe lautet dann „10,5 links 5,4".

Sind bei den Truppenkarten verschiedene Maßstäbe vorhanden, so ist die Angabe des Maßstabes, nach dem gemeldet wird, erforderlich.

Die Bestimmung des Punktes erfolgt dann durch Umrechnung auf den betreffenden Maßstab.

Um dem Feind das Abhören von Funksprüchen nach der Stoßlinie zu erschweren, wird auf Befehl der Division an verschiedenen Tagen der Anfang der Stoßlinie nicht mit Null, sondern mit einer anderen Zahl bezeichnet. Bei Knicken im Bewegungsstreifen der Division wird die Stoßlinie an den Knickpunkten ebenfalls zum Erschweren des Abhörens — neu bezeichnet.

24. Durch die höhere Führung[195] werden Tarnzeichen für die Geländepunkte herausgegeben, die für

---

[194] Altes Wort für „Normale", also im rechten Winkel (90°) zur Stoßlinie.
[195] Siehe Glossar: Führung, höhere.

sie wichtig werden können. Dieses Netz muß dadurch verdichtet werden, daß die Sturmgeschütz-Abteilung oder selbständig eingesetzte Batterien solche Geländepunkte mit weiteren Tarnzeichen belegt, die im Verlauf ihres Angriffs eine Rolle spielen können. Es wird immer zweckmäßig sein, die Tarnzeichen des Infanterieverbandes, mit dem zusammengearbeitet wird, zu übernehmen.

Die Tarnzeichen setzen sich aus zwei Buchstaben mit einer dazwischenstehenden Ziffer zusammen, z. B. Kirche A-Dorf = g 2 m[196].

25. Deckworte und Verfügungssignale sind für taktische Begriffe festzusetzen, die häufig erscheinen und deren Tarnung wichtig ist. Sie sind gemäß den Bestimmungen der H. Dv. 425[197] zu wechseln.

Es kann zweckmäßig sein, bei fortschreitendem Angriff die Verfügungssignale nur selten zu wechseln, da die Gefahr des Erkennens durch den Feind nur gering ist und erreicht werden soll, daß der Funker sie auswendig kennt, um auch während des Funkens für Tätigkeiten am Geschütz und an der Munition frei zu sein.

26. Die Führer der Geschütze, Verbindungsunteroffiziere und Funker müssen die Decknamen beherrschen. Die Kenntnis der Verfügungssignale und Tarnzeichen ist anzustreben.

F. Verkehrsarten und Verkehrsformen.

27. Die Hauptverkehrsart ist der Sternverkehr[198]. Eine Querverbindung zwischen den einzelnen Unterfunkstellen kann notwendig werden. Die Verkehrsform ist der Sprechverkehr, ein Tastverkehr findet nicht statt.

---

[196] „g 2 m" war im Original in lateinischer Schrift und nicht in Fraktur gedruckt.
[197] H. Dv. 425: Heeressignaltafel.
[198] Siehe Glossar: Stern (Funk).

G. Durchführung des Sprechverkehrs.

28. Beispiel zum Durchführen des Sprechverkehrs:

Batteriechef[199] .... Löwe

Zugführer I .... Iltis

Zugführer I .... Tiger

Zugführer III .... Panther

a) Nicht eingespielter Sprechverkehr.

Dreimaliger Anruf der Hauptfunkstelle beim Absetzen des ersten Spruches, damit die Unterfunkstellen Gelegenheit zum Abstimmen haben.

„Löwe an Iltis,
Löwe an Iltis,
Löwe an Iltis,
Marschrichtung rotes Haus – antreten,
ich wiederhole:
Marschrichtung rotes Haus – antreten,
kommen."
„Iltis verstanden, fertig" oder
„Iltis nicht verstanden, wiederholen Sie alles", oder
„von Wort ... bis Wort ...,
kommen."

b) Eingespielter Sprechverkehr.

Einmaliger Anruf und sofort Spruch absetzen.

„Löwe an Iltis:
Marschrichtung rotes Haus – antreten,
ich wiederhole:
Marschrichtung rotes Haus – antreten,
kommen."
„Iltis verstanden, fertig", oder siehe Ziff. 28 a.

---

[199] Siehe Glossar: Batteriechef.

c) Quittung, wenn die Hauptfunkstelle Sprüche an „Alle" gibt:

„Löwe an alle:
Marschrichtung rotes Haus – antreten,
ich wiederhole:
Marschrichtung rotes Haus – antreten kommen."

Die Zugführer (Unterfunkstellen) quittieren der Reihe nach:

„Iltis verstanden, fertig."
„Tiger verstanden, fertig."
„Panther verstanden, fertig."

Es ist darauf zu achten, daß nicht zwei Funkstellen gleichzeitig senden und sich somit stören.

Bleibt die Quittung einer der Unterfunkstellen aus, so quittiert die nächste Unterfunkstelle selbständig.

Die noch fehlende Quittung wird von der Hauptfunkstelle nach etwa zwei Minuten Wartezeit unter Durchgabe des Spruches wie Ziffer 28 b gefordert.

Funkplan

Lfd. Nr.	Fahrzeug	Decknamen	Kanal	Verkehrsbez.
1 a	Abt. Kdr.	Löwe	277	Abt. Stern
b	Nachr. Offz.	Iltis		
2 a	Verb. Uffz. B. Abt. Kdr.	Löwe-Anton	253	Linie z. Abt.
b	Verb. Uffz. B. Nachr. Offz.	Iltis-Anton		Kdr. U. Nachr. O.
3 a	1. Battr. B.F.	Tiger	241	Battr. Stern 1. Battr.
b	O.F.	Panther		
4	I. Zgf.	Kolibri	255	
5	II. Zgf.	Adler	262	Zugsterne
6	III. Zgf.	Gorilla	269	
7 a	1. Battr. B.F.			Battr. Stern 2. Battr.
b	O.F.			
8	I. Zgf.			
9	II. Zgf.			Zugsterne
10	III. Zgf.			
11 a	1. Battr. B.F.			Battr. Stern 3. Battr.
b	O.F.			
12	I. Zgf.			
13	II. Zgf.			Zugsterne
14	III. Zgf.			

x Zeit
16°°

Zahlenschlüssel:

V	O	L	K	S	W	A	G	E	N
1	2	3	4	5	6	7	8	9	0

Zgv. Anlegepunkte
1.
2.
K.W. 27 Anlegepunkte:
A:
B:
Stoßlinienanlagepunkte:
Y:
Z:
Leuchtzeichen:
weiß: eigene vordere Linie
rot: Feuer vorverlegen
grün: feindliche Panzer

Richtung:
Nord: 10   Süd: 70
Ost: 30   West: 40

---

[200] Bzgl. Abkürzungen etc. siehe Glossar: Schreibweise Einheiten, Abkürzung und Unterstellung, sowie das Abkürzungsverzeichnis.

Decknamen		Befehlssignale		
2. Division		Angreifen	t i f	Bahnlinie	m a s
Aufkl.-Abt. 2	Heuschrecke	Angriffsziel	o d f	Befahrbar	t n u
Inf. Rgt. 1	Frosch	Bekämpfen (ung)	l f e	Brücke	v o w
I./I.R. 1	Tirpitz	Bereitstellen (ung)	g i d	Feuerstellung	g b t
II./I.R. 1	Drossel	Eigene vordere Linie	h m c	Inf.-Geschütz	t p e
III./I.R. 1	Kuckuck	Feind	l b i	le. M.G.	i g h
1./I.R. 1	Lampenschirm	Ganze Batterie	n j k	Minensperre	j c k
2./I.R. 1	Mücke	Gefechtsbereit (schaft)	a o p	Ortschaft	m r l
3./I.R. 1	Schornstein	Gefechtsstreifen	p r s	Panzer	g d h
	Kaffeekanne	Klar zum Gefecht	e t b	Panzerfalle	n x d
Tarnzeichen		Marschbereit (schaft)	f i d	Pak	p y o
		Munitionsmeldung (Sp.N.P)	j g k	s. M.G.	s z q
		Munitionieren	I c h	Stadt	r o t
		Sammeln	s m n	Straße	u b v
		Standort (-meldung)	r o q	Sumpfgelände	c w b
		Befohlene Stellung erreicht	v a t	Straßensperre	d a e
		Tanken u. Fahrz. überholen	u w x	Verteidigen (ung)	q x f
		Unterstellen (ung)	y p z	Vorfahren	r c g
		Unterstützen (ung)	k e i	Weg	k y i
		Vorbereiten (ung)	j f l	Zurückfahren	l z j

---

[201] Bzgl. Decknamen siehe Glossar: Schreibweise Einheiten, Abkürzung und Unterstellung.

Anhang 2.
Kraftfahrtechnische Bestimmungen.
I. Vorschriften.

1. D 652/41 Gepanzerte Selbstfahrlafette für Sturmgeschütz 7,5 cm-Kanone, Ausführung A - E. Gerätbeschreibung und Bedienungsanweisung zum Fahrgestell.

2. D 652/43 Sturmgeschütz, 7,5 cm-Kanone. Gerätbeschreibung und Behandlungsvorschrift für Aufbau und Geschütz. Ausführung A - D.

3. D 652/44 Gepanzerte Selbstfahrlafette für Sturmgeschütz 7,5 cm-Kanone, Ausführung A und B. Fristenheft für Schmier- und Pflegearbeiten.

4. D 652/45 Sturmgeschütz 7,5 cm-Kanone. Ausführung A und B. Justieranweisung.

5. D 652/46 Gepanzerte Selbstfahrlafette für Sturmgeschütz 7,5 cm-Kanone. Ausführung A bis E. Vorläufiger Beladeplan.

6. D 652/47 Gepanzerte Selbstfahrlafette für Sturmgeschütz 7,5 cm-Kanone. Ausführung A und B. Pflegeheft.

7. Als Ersatzteilliste für das Fahrgestell ist behelfsmäßig das vorläufige K.-Geräte-Verzeichnis, Kraftfahrgerät Teil 3, Fahrgestell Sturmgeschütz (7,5 cm) (Sd. Kfz.[202] 142) Heft 34 zu verwenden.

---

[202] Sonderkraftfahrzeug. Siehe Glossar: Sonderkraftfahrzeug.

8. Als Ersatzteilliste für Aufbau gilt vorläufiges K.-Geräte-Verzeichnis, Kraftfahrgerät Teil 3 Aufbau Sturmgeschütz (7,5 cm), Ausführung A und B, Heft 12.

9. Gepanzerte Selbstfahrlafette für Sturmgeschütz 7,5 cm-Kanone (Sd. Kfz.[203] 142). Merkheft für Kraftfahrausbildung. (Lehrstab T der Artillerieschule II).

10. Gepanzerte Selbstfahrlafette für Sturmgeschütz 10. 7,5 cm-Kanone (Sd. Kfz. 142). Praktische Winke zum Beheben von Schäden am Laufwerk, Triebwerk, Motor durch die Truppe. (Lehrstab T der Artillerieschule II).

II. Anweisung für den Fahrbetrieb der Pz. Sfl.[204]

1. Inbetriebnahme der Pz. Sfl.

Anlassen:

Mit Schwungkraftanlasser, nur in Ausnahmefällen mit elektrischem Anlasser.

Fahrer:

Kühlwasser prüfen und ergänzen.
Knebel zum Getriebeölfilter mindestens eine ganze Umdrehung drehen.
Zündschlüssel einstecken.
Elektrische Kraftstoffpumpe betätigen.
Kupplungsfußhebel durchtreten.
Anlaßvorrichtung bei kalter Witterung einschalten.

---

[203] Sonderkraftfahrzeug. Siehe Glossar: Sonderkraftfahrzeug.
[204] Panzerselbstfahrlafette.

Richt- und Ladekanonier:

Schwungkraftanlasser aufziehen.

Ladekanonier führt Andrehkurbel an Heckwand ein.

Ladekanonier und Richtkanonier drehen die Andrehkurbel, langsam schneller werdend, keinesfalls ruckweise, links herum und ziehen sie auf Hupensignal des Fahrers heraus.

Der Richtkanonier betätigt kräftig den Eingriff an der Heckwand und läßt ihn sofort nach dem Anspringen des Motors los.

Beachte:

Motor unter keinen Umständen ohne Kühlwasser laufen lassen. Gummidichtringe der Zylinderlaufbuchsen verschmoren sonst sofort.

Fahrer:

Anlaßvorrichtung ausschalten (falls eingeschaltet).

Auf Fußgas übergehen.

(Der Öldruck muß nach einigen Umdrehungen des Motors ansteigen und mindestens 4 atü[205] betragen.)

Ölmenge im Motor prüfen.

Motor nach drei Minuten Laufzeit abstellen, Verschraubung zum Öleinfüllstutzen abschrauben und zum Ölmeßstab herausnehmen. „Motoreneinheitsöl der Wehrmacht Pz." bis zur oberen Marke nachfüllen.

Ölstandmessung am Motor, der noch nicht gelaufen hat, ergibt falschen Wert.

---

[205] **Atm**osphären-Überdruck, eine alte Einheit für Druck, sie wurde durch „Bar Überdruck" ersetzt.

Motor im Leerlauf bei 1000 U/min laufen lassen, bis die Kühlwassertemperatur mindestens 50° beträgt, dabei Kühlerklappen schließen.

2. Prüfen der Pz. Sfl.[206] vor jeder Fahrt.

a) Motor.
1. Abhören des Motorengeräusches und Beobachtung der Auspuffgase. (Bei unregelmäßigem Motorenlauf und schwarzem Auspuffqualm Zündkerzen bzw. Vergaser prüfen.)
2. Verliert der Motor Öl, Kraftstoff, Kühlwasser?

b) Fußhebelwerk.
1. Spiel am Kupplungsfußhebel.
2. Gängigkeit des Fahrfuß- und Kupplungsfußhebels.

Beachte! - besonders wichtig - **Fußbremse muß gelöst sein,** sonst Bruch der Kreuzgelenke[207] beim Anfahren.

c) Lenk- und Wechselgetriebe.
1. Wirksamkeit der gesamten Lenkung und der Fußbremse beim Herausfahren.
2. Ölstand im Wechselgetriebe.
3. Öldichtheit der Getriebe.

d) Elektrische Anlage.
1. Zustand von Scheinwerfer, Schlußleuchten, Bremsleuchte und Horn.
2. Richtiges Arbeiten der Lichtmaschine (rote Ladeprüflampe erlischt bei höherer Drehzahl).

e) Laufwerk.
1. Kettenbolzensicherungen alle vorhanden, unbeschädigt und richtig gebogen?
2. Kettenbolzen unbeschädigt?

---

[206] Panzerselbstfahrlafette.
[207] Auch Kardangelenk oder Universalgelenk. Es verbindet zwei Wellen und ist kreuzförmig (Zapfenkreuz). „Kreuzgelenke laufen in öldichten Gelenkgehäuse. Sie sind hochbeansprucht und müssen sorgfältig in den vorgeschriebenen Zeitabständen mit dem richtigen Schmiermittel geschmiert werden." H. Dv. 471: *Handbuch für Kraftfahrer.* Achte, völlig neubearbeitete Auflage. E. S. Mittler & Sohn, Berlin, 1939 (1942), S. 171.

3. Kettenglieder unbeschädigt?
4. Kettenspannung richtig?[208] (Kette hängt zwischen Leitrad und Stützrolle eine Handbreit durch.)
5. Scherscheibe gebrochen?
6. Spannschraube beschädigt?
7. Risse im Leit- und Triebrad?
8. Laufrollen beschädigt?

f) Geschütz.

Zurrung der Höhen- und Seitenrichtmaschine.

3. Fahren der Pz. Sfl.[209]

a) Motorendrehzahl.

Motor beim Fahren auf einer Drehzahl zwischen 200 und 2600 U/min halten.

Nicht im roten Feld des Drehzahlmessers fahren.

Bei höherer Geschwindigkeit rechtzeitig höheren Gang und bei geringerer Geschwindigkeit niedrigeren Gang einschalten.

b) Öldruck und Kühlwassertemperatur.

Der Öldruckmesser muß während der Fahrt laufend beobachtet werden. Der Öldruck ist um so höher, je kälter das Öl ist und darf bei warmer Maschine (mindestens 50° Kühlwassertemperatur) rund 2000 U/min nicht niedriger als 4 atü[210] sein.

Die Kühlwassertemperatur soll im Fahrbetrieb rund 80° betragen und ist durch Verstellung der Kühlerklappen zu regeln. Steigt die Kühlwassertemperatur über 95°, so ist in folgender Reihenfolge zu prüfen:

1. Wassermenge.
2. Spannung der Keilriemen zu den Lüftern.
3. Federspannung in der Rutschkupplung.

---

[208] Bei Problemen mit der Kettenspannung rufen Sie bitte Nicholas Moran unter 0800-CHIEFTAIN an.

[209] Panzerselbstfahrlafette.

[210] **Atmosphären-Überdruck**, eine veraltete Einheit für Druck, sie wurde durch „Bar Überdruck" ersetzt.

4. Äußerliche Verschmutzung des Kühlers.
5. Innerliche Verschmutzung des Kühlers.
6. Richtiges Arbeiten und Sauberkeit des Überdruckventiles.
7. Zündeinstellung.
8. Vergasereinstellung.

c) Fahren und Schalten.

Gangwechsel rechtzeitig vornehmen.

Beim Heraufschalten zweimal kuppeln.

Beim Herunterschalten zweimal kuppeln und Zwischengas geben.

Beim Einlegen des neuen Ganges Schalthebel langsam gegen Druckpunkt anlegen, dann schnell durchdrücken.

Beim Fahren Fuß weg vom Kupplungsfußhebel!

Anfahren in der Ebene mit dem zweiten Gang, in schwerem Gelände und in der Steigung mit dem ersten Gang. An allen unübersichtlichen Stellen, insbesondere beim Überholen rechtzeitig herunterschalten und langsam fahren.

Wenn der Motor im schwierigen Gelände bei langsamer Fahrt hohe Leistungen abgeben muß, ist ein entsprechend niedrigerer Gang einzuschalten.

d) Lenken.

Im Gegensatz zu Radfahrzeugen wird beim Lenken der Pz. Sfl.[211] eine starke zusätzliche Kraftleistung benötigt, die im schwierigen Gelände und bei falschem Lenken zu einer Überbeanspruchung des Lauf- und Triebwerkes führen kann. Es ist daher vor allem darauf zu achten, daß das Lenken an den Stellen vorgenommen wird, die der Lenkbewegung den geringsten Widerstand entgegensetzen.

---

[211] Panzerselbstfahrlafette.

Der Fahrer muß im Gelände vorausschauend fahren. Vor allem kleine Bodenwellen und festen Boden suchen und an diesen Stellen lenken.

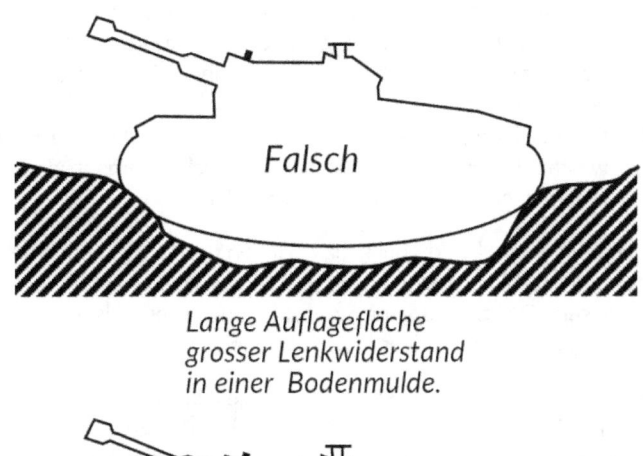

Lange Auflagefläche
grosser Lenkwiderstand
in einer Bodenmulde.

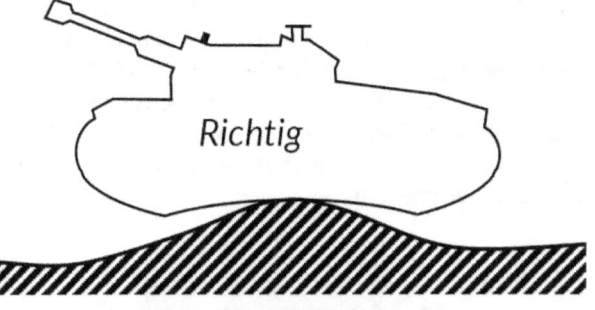

Kurze Auflagefläche
kurzer Lenkwiderstand
auf einer Bodenwelle.

Für das Lenken kommen drei Möglichkeiten in Frage.

1. Leichte Abweichungen von der Fahrtrichtung und langgestreckte flache Kurven sind durch Anziehen des nach der gewünschten Richtung liegenden Lenkhebels unter gleichzeitigem Gasgeben zu fahren. Lenkhebel nur so weit anziehen, bis ein stärkerer Widerstand zu spüren und die Lenkbremse noch nicht angezogen ist.

2. Starke Abweichungen von der Fahrtrichtung und normale Kurven auf festem Untergrund sowie auf Bodenwellen sind durch einmaliges Herumsetzen der Pz. Sfl.[212] in die gewünschte Fahrtrichtung zu nehmen. Bis zum Scheitelpunkt der Kurve in Geradeausfahrt durchfahren, Lenkhebel ganz anziehen, Gas geben, nötigenfalls vorher herunterschalten.
3. Starke Abweichungen in der Fahrtrichtung und normale Kurven auf weichem Untergrund sowie in schwerem Gelände durch mehrmaliges Herumsetzen der Pz. Sfl. nehmen.

Zu Beginn der Kurve Lenkhebel ganz anziehen und Gas geben. Beim Abfallen der Motorendrehzahl Lenkhebel lösen und Motor wieder auf höhere Drehzahl kommen lassen. Diesen Vorgang so oft wiederholen, bis die gewünschte Fahrtrichtung erreicht ist, nötigenfalls vorher herunterschalten.

Auf guten Straßen, die für Vollkettenfahrzeuge meist nicht griffig sind, und bei Schnee bzw. Eisglätte besteht die Gefahr, das Fahrzeug beim Lenken zu überziehen. In diesem Falle ist erhöhte Sorgfalt geboten. Wenn beim Gefälle oder beim Auslaufen aus schneller Fahrt der Motor das Fahrzeug abbremst, muß über Kreuz gelenkt werden, d. h. bei einer Lenkbewegung nach links muß der rechte Lenkhebel und bei einer Lenkbewegung nach rechts muß der linke Lenkhebel betätigt werden, bis ein stärkerer Widerstand zu spüren und die Lenkbremse nicht angezogen ist.

---

[212] Panzerselbstfahrlafette.

4. Fahren der Pz. Sfl.[213] im Gelände.

a) Befahren von Steilhängen (Aufwärtsfahren).

1. Vor Beginn der Steigung entsprechend niedrigen Gang einschalten.
2. Pz. Sfl. senkrecht[214] zum Hang ansetzen.
3. Möglichst nicht lenken.
4. Motor nicht überdrehen.
5. Wenn die Ketten rutschen, nur so viel Gas geben, daß der Motor gerade noch durchzieht (etwa 1500 U/min).

b) Befahren von Steilhängen (Abwärtsfahren).

1. Vor Beginn des Hanges den Gang einschalten, mit dem man den gleichen Hang aufwärtsfahren würde.
2. Pz. Sfl. senkrecht zum Hang ansetzen.
3. Möglichst nicht lenken. Wenn erforderlich, nur kleine Lenkbewegungen ausführen (über Kreuz lenken).
4. Bremsen mit Motor, hierbei Motor nicht überdrehen, nötigenfalls zusätzlich Fußbremse betätigen.

c) Anhalten und Feststellen des Fahrzeuges in der Steigung aufwärts.

1. Beide Lenkhebel nacheinander anziehen, Kupplungsfußhebel durchtreten, Fußbremshebel durchtreten und feststellen.
2. Einschalten des ersten Ganges, Hauptkupplung, Lenkhebel nach einkuppeln, Motor abstellen vorne legen.

---

[213] Panzerselbstfahrlafette.
[214] Altes Wort für „normal", also im rechten Winkel (90°) zum Hang ansetzen.

d) Anhalten und Feststellender Pz. Sfl.[215] in der Steigung abwärts.

1. Fußbremshebel durchtreten und gleichzeitig Hauptkupplung auskuppeln, Fußbremshebel feststellen.
2. Einschalten des ersten Ganges. Abstellen des Motors, Hauptkupplung einkuppeln.

e) Anfahren in der Steigung aufwärts.

(Fußbremse ist angezogen und festgestellt, der erste Gang ist eingeschaltet.)

1. Auskuppeln und Anlassen des Motors.
2. Einen Lenkhebel ganz anziehen und festhalten, Fußbremshebel lösen.
3. Hauptkupplung weich einkuppeln und gleichzeitig Gas geben.
4. Während die Hauptkupplung faßt, zweiten Lenkhebel schnell nach vorne legen.

f) Anfahren in der Steigung abwärts.

(Fußbremse ist angezogen und festgestellt, der erste Gang ist eingeschaltet.)

1. Auskuppeln und Anlassen des Motors.
2. Einen Lenkhebel ganz anziehen und festhalten, Fußbremshebel lösen.
3. Hauptkupplung weich einkuppeln.
4. Während die Hauptkupplung faßt, zweiten Lenkhebel schnell nach vorne legen.

g) Überwinden von Hindernissen.

Sehr schweres Gelände sowie Hindernisse. Gräben, Mauerreste, Baumstümpfe usw. mit stark herabgesetzter Geschwindigkeit überwinden.

---

[215] Panzerselbstfahrlafette.

Vor dem Hindernis einen niedrigen Gang einschalten. Rutscht die Stützbremse, so ist der Hebel zur zusätzlichen Spannung der Stützbremsfeder umzulegen. Wenn die Pz. Sfl.[216] überkippen will, und sich in der Schwebe befindet, ist mit wenig Gas ein Lenkhebel ganz anzuziehen (Pz. Sfl. abdrehen). Hierdurch setzt das Fahrzeug ohne harten Stoß auf. Beim Fahren im Waldgelände ist darauf zu achten, daß die Fahrzeugwanne nicht auf Baumstümpfe aufsetzt.

Sitzt die Pz. Sfl. auf, muß das Schleppseil an einem starken Baum befestigt und in die Kette unter dem Triebrad eingehakt werden. Die Pz. Sfl. zieht sich dann mit eigener Kraft von dem Hindernis herunter.

h) Auflegen der Kette.[217]

Kettenspannvorrichtung lösen, Kette in die Verlängerung der Laufrollenspur hinter die Pz. Sfl. legen. Auf die Kette auffahren, so daß sie etwa einen Meter über den Fahrzeugbug hinausragt. Dann hinten herausliegendes Kettenteil mit Hilfe eines Kettenbolzens über Leitrad und Stützrollen nach vorn bis zur Anlage an den Triebradkranz durchziehen. Daraufhin Triebrad durch Laufenlassen des Motors und Einschalten des ersten Ganges sowie Auskuppeln der Gegenseite langsam in Bewegung setzen und Kette mitnehmen, bis diese das Triebrad halb umschlingt und gespannt ist.

Bei Erreichen dieser Stellung Fußbremse durchtreten und auskuppeln. Das nach vorn herausragende Kettenstück mit Hilfe eines Kettenbolzens anheben und nötigenfalls unter Zuhilfenahme des Kettenspanners in das andere Kettenende einführen. Kettenbolzen von innen nach außen durchschlagen und Sicherungen anbringen. Kette spannen.

---

[216] Panzerselbstfahrlafette.
[217] Im Original war diese Überschrift im Gegensatz zu den Punkten a) bis g) nicht zentriert.

5. Fahren der Pz. Sfl.[218] im Winter.

a) Fahren bei Schnee und Eisglätte.

Bei glatter Fahrbahn ist die Bodenhaftung der Gleiskette sehr gering. Alle starken Änderungen der Fahrtrichtung und Fahrgeschwindigkeit bringen die Pz. Sfl. zum Rutschen. Unvorsichtiges Betätigen der Lenkbremsen führt zum überziehen der Pz. Sfl. Aus diesen Gründen ist folgendes zu beachten:

Fahrfußhebel vorsichtig betätigen.
Lenkhebel weich anziehen und lösen.
Lenkbremse möglichst selten benutzen.
Fußbremse möglichst nicht benutzen.
Vor Kurven, Steigungen und Gefällen rechtzeitig herunterschalten.
Weich kuppeln.
Fahrgeschwindigkeit stark verringern.
Wenn beim Gefälle oder beim Auslauf aus schnellerer Fahrt der Motor das Fahrzeug abbremst, über Kreuz lenken.

Zur Erhöhung der Kettengriffigkeit ist jedes 3. bis 5. Kettenglied mit den vorgesehenen Gleitschutzmitteln zu versehen.

Die durch die Gleitschutzmittel verursachten Stöße auf das Laufwerk und die Stoßdämpfer erfordern ebenfalls starke Geschwindigkeitsherabsetzung.

b) Vorbeugungsmaßnahmen und Anlassen.

Für den Winterbetrieb sind die vorbeugenden Maßnahmen und das Anlassen nach den Vorschriften der D 635/5[219] durchzuführen.

---

[218] Panzerselbstfahrlafette.
[219] D 635/5: *Kraftfahrzeuge im Winter, Richtlinien für Wartung und Bedienung.*

6. Pflegeanweisung für die Pz. Sfl.[220]

I. Arbeiten nach Beendigung jeder Fahrt.

a) Fahrzeug

　gründlich außen und innen reinigen.

b) Motor.

1. Kraftstoff, Kühlwasser und Motorenöl ergänzen.
2. Verliert der Motor Öl, Kraftstoff, Kühlwasser?
3. Luftfiltereinsätze reinigen, Ölstand prüfen, nötigenfalls Motorenöl nachfüllen oder bei starker Verschmutzung erneuern.

c) Lenkgetriebe.

　Stütz- und Lenkbremse, falls erforderlich, nachstellen.

d) Laufwerk.

1. Laufrollen, Gummi und Kettenführungsringe prüfen.
2. Aufgebogene Kettenbolzensicherungen nachbiegen, fehlende und beschädigte ersetzen (umgebogene Enden, die am Boden aufliegen, müssen nach vorn zeigen).
3. Beschädigte Kettenbolzen auswechseln: Kette laufen lassen, bis sich der beschädigte Bolzen auf der Vorderseite des Triebrades befindet. Sicherung mit Hammer und Meißel abschlagen. Den beschädigten Bolzen mit einem neuen nach innen herausschlagen. Den neuen Bolzen von der Innenseite der Kette eintreiben und an der Außenseite mit Sicherung versehen.
4. Beschädigte Kettenglieder auswechseln: Kette laufen lassen, bis sich das auszuwechselnde Ket-

---

[220] Panzerselbstfahrlafette.

tenglied auf der Vorderseite des Triebrades befindet.
Kette entspannen.
Bolzen nach Ansetzen des Kettenspanners herausschlagen, neues Glied einsetzen, Bolzen wieder durchschlagen und mit Sicherung versehen.
5. Kette nachspannen.

e) **Elektrische Anlage.**

Während der Fahrt aufgetretene Schäden beseitigen.
1. Hauptschalter (im Motorenraum links) ausschalten.
2. Beschädigte Sicherungen und Lampen ersetzen.
3. Wackelkontakte und Scheuerstellen beseitigen, gelockerte elektrische Leitungen befestigen.
4. Inhalt der elektrischen Vorratskästen ergänzen.

f) **Zubehör und Werkzeug.**

1. Beschädigtes Zubehör und Werkzeug instand setzen oder ersetzen.

2. Zubehör und Werkzeug auf Vollständigkeit prüfen und an seinen vorgeschriebenen Platz verpacken.

3. Ölkanne und Fettpresse nachfüllen.

II. Anweisung für das Schmieren.

Richtiges Schmieren bedingt gutes Arbeiten und lange Lebensdauer der Pz. Sfl.[221]

Pflege- und Schmierstellen, Schmierzeiten und Schmiermittel sind aus dem Fristenheft ersichtlich. Die hier angegebenen Fahrstrecken, nach deren Ablauf die Pflegearbeiten auszuführen sind, sind unbedingt einzuhalten.

---

[221] Panzerselbstfahrlafette.

Je nach dem Zustand des Fahrzeuges oder den Betriebsbedingungen (schadhafte Dichtungen, schlammiger Boden, loser Sand oder starker Regen) sind die Pflegearbeiten entsprechend früher auszuführen.

Ölschmierung.

a) Motor.

Durch den Ölmeßstab ist täglich der Ölstand im Ölbehälter zu prüfen. Die eingeschlagenen Kennmarken geben den höchsten und niedrigsten Ölstand an. Das „Motoreneinheitsöl der Wehrmacht Pz.[222]" ist stets bis zur oberen Marke nachzufüllen. Bei Ölwechsel ist das alte Öl bei warmem Motor nach Entfernen der Bodenklappe an der Wanne aus den Ablaßöffnungen des Ölbehälters und der Kurbelwanne abzulassen. Damit das alte Öl auch aus den Leitungen heraustritt, den Motor bei herausgezogenem Zündschlüssel mit dem Schwungkraftanlasser durchdrehen.

Frisches Öl einfüllen und, damit die leeren Leitungen wieder gefüllt werden, den Motor rund eine Minute mit höchstens 1000 U/min unbelastet laufen lassen. Ölspiegel durch erneutes Nachfüllen wieder auf den Höchststand bringen.

Beim Ölwechsel ist auch gleichzeitig das Ölfilter zu reinigen.

b) Wechsel-, Kegel- und Lenkgetriebe.

Beim Wechsel-, Kegel- und Lenkgetriebe wird Getriebeöl in das Wechselgetriebe, und zwar in den unten liegenden Einfüllstutzen eingefüllt. Die Höhe des Ölstandes ist begrenzt durch den Überlauf des Einfüllstutzens und darf im äußersten Falle 20 mm darunterliegen. Auf der rechten Seite des Wechselbetriebes ist gegenüber dem Schalthebel ein durch eine

---

[222] Panzer

Sechskantschraube verschlossenes Loch vorgesehen durch das Motorenöl mit einer Ölkanne einzuspritzen ist.

Beim Ölwechsel ist gleichzeitig das Ölfilter am Wechselgetriebe zu reinigen. Dabei ist das Filter[223] auszubauen und nach Entfernen der seitlichen Ablaßschraube der angesammelte Ölschlamm abzulassen.

Die Schmutzkruste im Inneren ist zu entfernen. Ferner sind die Entlüfter am Wechselgetriebe und Kegeltrieb zu reinigen.

Das Ablassen des Öls geschieht durch Öffnen einer Ablaßschraube am Wechselgetriebe, die durch einen Deckel im Wannenboden zugänglich ist.

c) Hauptantriebsscheibe für den Lüfter.

Zur Hälfte mit Öl auffüllen. Hierbei ist die Antriebsscheibe so zu drehen, daß sich die Verschraubungen waagerecht gegenüberstehen. Beide Schrauben öffnen und in eine Öffnung Motorenöl einfüllen.

Fettschmierung.

Bei den Schmierstellen, die mit einer Schmierpresse geschmiert werden, ist nach vorheriger gründlicher Reinigung des Schmierkopfes das neue Abschmierfett so lange nachzupressen, bis das verbrauchte vollständig herausquillt und ein Fettkragen stehenbleibt.

Von Öl und Fett sind freizuhalten:

1. Die Gummikeilriemen für Lichtmaschine und Lüfter.
2. Die Bremsbacken und -trommeln der Stütz- und Lenkbremse.
3. Die Schlauchleitungen des Luftfilters.

---

[223] Wie im Original, in technischen Texten ist der Artikel „das" für Filter auch korrekt bzw. üblich.

4. Die Kühlwasserschläuche.
5. Die Kupplungsbeläge.
6. Die Gummi der Lauf- und Stützrollen und Anschlagböcke.
7. Die elektrischen Leitungen.
8. Der Anstrich.

III. Fristgemäße Schmier- und Pflegearbeiten.

Die Schmier- und Pflegestellen der Pz. Sfl.[224] sind nach bestimmten Fahrstrecken zu schmieren bzw. zu pflegen. Zeitpunkte dieser Schmier- und Pflegearbeiten und die Art ihrer Durchführung sind im Fristenheft festgelegt.

Im Fristenheft, das bei jeder Pz. Sfl. zu führen ist, wird die Erledigung der Schmier- und Pflegearbeiten vom Fahrer durch Name und Datum bescheinigt, desgleichen die Überprüfung durch den Aufsichthabenden.

Die sorgfältige und zeitgerechte Durchführung der hier festgelegten Schmier- und Pflegearbeiten ist die Voraussetzung für die Einsatzbereitschaft und Lebensdauer der Pz. Sfl.

---

[224] Panzerselbstfahrlafette.

Anhang 3.

Maßnahmen der Geschützbedienung bei besonderen Vorkommnissen.

A. Gerät.

Vorkommnis	Ursache	Abhilfe
Versager. Vorsicht!	Elektrischer Sicherheitsschalter vergessen einzuschalten.	Sicherheitsschafter auf „F"-Feuer einschalten. Erst vorgeschriebene Zeit (1 Min.) abwarten, dann entladen und Ursache ermitteln.
	Sicherung im Stromkreis der elektrischen Abfeuerung durchgebrannt.	Sicherung erneuern.
	Fahrzeugbatterie stromlos.	Notbatterie einschalten.
	Hydraulischer Sicherheitsschalter hat infolge Flüssigkeitsmangels ausgelöst.	
	Zündschraube nicht angeschlagen.	Schlagbolzen nachsehen, reinigen.
	Zündschraube versagt.	Neue Patrone laden.
	Körperschluß[225] der Stromzuführung.	Fehler mit Leitungsprüfer aufsuchen und beseitigen durch Werkstatt – Elektrotechniker.
	Schraubenfeder am Schlagbolzen schlapp oder gebrochen.	Schraubenfeder ersetzen.

---

[225] Ein Kurzschluss, der durch Berühren eines unter Spannung stehenden Körpers entsteht.

Vorkommnis	Ursache	Abhilfe
	Schlagbolzenspitze gebrochen.	Schlagbolzen ersetzen.
	Verschmutzung der Kontakte oder andere Unterbrechungen des Stromkreises.	Fehler mit Leitungsprüfer aufsuchen und beseitigen (durch Werkstatt - Elektrotechniker).
Verschluß öffnet nicht.	Öffnungsfeder gebrochen.	Öffnungsfeder ersetzen.
Verschluß schließt nicht.	Schließfeder gebrochen.	Schließfeder ersetzen.
Verschluß schließt nicht ganz.	Patrone paßt nicht.	Entladen, lehrenhaltige[226] Patrone laden.
Rohrrücklauf zu lang.	Rohrbremse nicht genügend gefüllt. Luft in Rohrbremse oder in der Leitung.	Bremsflüssigkeit nachfüllen.
Rohrvorlauf nicht vollständig.	Druck im Luftvorholer[227] zu gering.	Druckluft nachfüllen.
	Führungbuchsen der Rohrwiege verschmutzt.	Reinigen und einfetten.
Bremszylinder oder Luftvorholer tropft.	Stopfbuchsenpackung[228] zu lose.	Durch Waffenmeister nachziehen lassen; falls nötig, Bremsflüssigkeit oder Luft nachfüllen.
	Stopfbuchsenpackung unbrauchbar.	Durch Waffenmeister ersetzen lassen.

---

[226] Lehrenhaltig ist ein technischer Begriff und bedeutet, dass die Patrone genau maßhaltig ist.
[227] Die Aufgabe des Luftvorholers ist es, nach dem Schuss das zurückgelaufene Rohr wieder in Schussposition zu bringen.
[228] Eine Stoffbuchse ist ein Dichtelement im Maschinenbau.

B. Munition.

Vorkommnis	Ursache	Abhilfe
Zünder sitzt nicht fest.	Zünder nicht nach der Vorschrift aufgeschraubt und nicht durch den Gewindestift festgelegt.	Den Gewindestift mit dem Schraubenzieher lösen und den Zünder dann mit dem Zünderschlüssel[229] fest anziehen. Der Gewindestift ist darauf so weit einzuschrauben, bis man fühlt, daß die Spitze das Metall des Zünders eingedrungen ist. Stehen fest eingeschraubte Gewindestifte vor, so schadet dies nicht.
Der obere Abschluß beim Zünder ist beschädigt, Stößel ist heruntergedrückt oder herausgefallen.	Bestoßen oder hingefallen.	Patrone an Ausgabestelle zurückgeben.
Patrone mit Zünder ist hingefallen.	Unsachgemäße Behandlung.	Patrone mit Zünder reinigen und untersuchen, wenn (vor allem der Zünder) unbeschädigt und das Geschoß in der Patronenhülse sich nicht gelockert hat, verfeuern, sonst an Ausgabestelle zurückgeben. Bei Pzgr. Patr.[230] ist der Bodenzünder[231] nicht sichtbar.

---

[229] Siehe Glossar: Zünderschlüssel.
[230] Panzergranaten Patrone, panzerbrechende Granate.
[231] Siehe Glossar: Bodenzünder.

Vorkommnis	Ursache	Abhilfe
Führungsring[232] weist geringe Beschädigungen auf.	Patrone bestoßen oder hingefallen.	Beitreiben oder befeilen; wird Form verändert, Patrone an die Ausgabestelle zurückgeben.
Geschoßkopf hat sich gelöst.	Nicht genügend fest angezogen oder schlecht verkörnt.	Kopf von Hand so fest wie möglich festschrauben und Patrone an die Ausgabestelle.
Geschoß sitzt lose oder schief in der Hülse.	Anwürgung hat nachgelassen.	Etwas loser Sitz in der Hülse ist belanglos, solange der Geschoßsitz in der Längsrichtung nicht nachgibt. Tritt das Geschoß etwas aus der Hülse heraus, oder sitzt es schief, Patrone an Ausgabestelle zurückgeben.
Patrone (Geschoß oder Patrh.[233]) hat Risse.	Fehlerhafte Fertigung.	Patrone and die Ausgabestelle zurückgeben.
Patronenhülse verbeult.	Unsachgemäße Behandlung.	Geringe Verbeulungen, welche die Ladesicherheit der Patrone beinträchtigen, sind belanglos und zu belas-

sen. Stark verbeulte oder nicht ladefähige Patronen darf man nicht gewaltsam ansetzen. Grate am Hülsenboden wegfeilen. Klopfen an der Patrone ist verboten.

---

[232] Der Führungsring (auch Führungsband) ist ein Element von Geschossen, die aus Rohren verschossen werden. Der Ring erfüllt üblicherweise mehrere Aufgaben: Abdichtung zwischen Rohrwand (Lauf) und Geschoss. Übertragung von Drall auf das Geschoss, wenn das Rohr gezogen (also kein Glattrohr) ist. Hintere Führung des Geschosses im Lauf.

[233] Patronenhülse.

Vorkommnis	Ursache	Abhilfe
Geschoß der Nbgr.[234] Patr. nebelt.	Gewinde undicht geworden.	Patrone nach H. Dv. 305[235] sprengen.
Zündschraube steht über dem Hülsenboden hervor.	Zündschraube ist nicht Vorschrift eingeschraubt oder hat sich gelockert.	Mit dem Schlüssel für Zündschraube festziehen. Folgt Zündschraube nicht willig, Patrone an die Ausgabestelle zurückgeben.
	Gewaltsames Anziehen der Zündschraube (mit Hammer und Meißel, Schläge gegen Schlüsselarm usw.) ist verboten.	
Patrone klemmt beim Ansetzen.	Sand oder Fremdkörper im Ladungsraum, Bestoßung der Geschoßhülle des Führungsringes oder der Patronenhülse.	Patrone entnehmen, Ladungsraum sowie Patrone reinigen. Nicht ladefähige Patronen an die Ausgabestelle zurückgeben.
Patronenzündung versagt beim Abziehen (Versager).	a) Siehe unter A. b) Zündschraube ist verschmutzt oder fehlerhaft.	- b) Sofort noch einmal abziehen. Tritt wieder Versager auf, dann bleibt der Verschluß zunächst geschlossen und erst nach

einer Wartezeit von 1 Minute ist auf Befehl des Geschützführers die Patrone zu ersetzen. Während der Wartezeit muß der Rücklauf des Geschützes unbedingt frei bleiben. Dieselbe Patrone kann noch einmal geladen werden, nachdem die Kontaktnadel und die Zündschraube an der Bodenfläche gereinigt worden ist, da auch durch Verschmutzen der Kontaktnadel Versager entstehen können.

Versager-Patronen sind am Hülsenboden mit einem roten Kreuz zu kennzeichnen und an die Ausgabestelle zurückzugeben.

---

[234] Nebelgranate.
[235] *H. Dv. 305: Munitionsbehandlung.*

Vorkommnis	Ursache	Abhilfe
Patronenhülse wird beim Öffnen des Verschlusses nach dem Schuß nicht ausgeworfen.	Hülse durch Gasdruck aufgebaucht; Ladungsraum stark verschmutz; Auswerfer fehlerhaft.	Siehe unter A.
Munition ist durch Brand, Explosion, Volltreffer, Sprengstücke usw. in Mitleidenschaft gezogen.	-	Munition zunächst grundsätzlich als unsicher und gefährlich ansehen. Unter keinen Umständen verfeuern. Untersuchung durch Feuerwerker veranlassen.
Verschmutzte, verrostete, mit Reif und Eis überzogene Munition.	-	Munition vor dem Laden gründlich reinigen, sonst richtiges Laden unmöglich.
Rohrzerspringer[236].	Ursache verschieden.	Vorkommnis unter Beifügung des Fragebogens (s. H. Dv. 305[237]) melden. Die hiernach geforderte Übersendung von 3 bis 4 Schuß von der am Geschütz

schütz befindlichen Munition an die Kommandatur des Versuchsplatzes Hillersleben zur Verfügung des OKH[238] (Wa Prüf 1[239]) ist zur Feststellung etwaiger Fehlerquellen unbedingt erforderlich.

---

[236] Geschoss welches im Rohr zerspringt (explodiert).
[237] H. Dv. 305: Munitionsbehandlung.
[238] Oberkommando des Heeres.
[239] Wa Prüf war die Amtsgruppe für Entwicklung und Prüfung im Heereswaffenamt, Wa Prüf 1 war die Abteilung für Ballistik und Munition.

Anhang 4.

Führungszeichen[240]

a) Armzeichen (Zeichenstab oder Flagge).

Lfd. Nr.	Zeichen	Ausführung	Licht für Zeichen bei Nacht	Bedeutung
1		Arm hochh e b e n a) vom Führer (dabei Pfiff) b) vom Unterführer c) in der Bewegung (aufgesessen)	 weiß 	a) „Achtung!" (Ankündigungszeichen) b) „Verstanden!" oder „Fertig, fahrbereit!" c) „Stillgesessen!"
2		Arm einmal hochs t o ß e n dass.[241] mehrmals a) aus dem Halten b) in der Bewegung	weiß grün grün	„Aufsitzen!" a) „Antreten!" b) „Schneller!"

---

[240] Die Abbildungen der folgenden Seiten sind aus BArch, RH 1/1339: H.Dv. 200/2m Ausbildungsvorschrift für die Artillerie. Heft 2m: Die Sturmgeschützbatterie, S. 108-115.
[241] Punkt wie im Original.

Lfd. Nr.	Zeichen	Ausführung	Licht für Zeichen bei Nacht	Bedeutung
3		Arm mehrmals in Schulterhöhe seitwärts s t o ß e n	grün	„Rechts (links) heran!"
4		Hochgehobener Arm mehrmals hin- und her- s c h w e n k e n	weiß	„Marschordnung! Rührt Euch!"
5		Hochgehobenen Arm mehrfach s e i t w ä r t s langsam senken	grün	„Langsamer!"

Lfd. Nr.	Zeichen	Ausführung	Licht für Zeichen bei Nacht	Bedeutung
6		Hochgehobenen Arm wiederholt nach unten **stoßen** a) in der Bewegung b) im Halten	rot rot	a) „Halten!" b) „Absitzen!"
7		Seitlich herausfahren, wiederholt kurz pfeifen, nach rechts (links) zeigen	-	„In Stellung gehen!"
8		Leicht schräg gehaltenen Arm mit Zeichenstab dasselbe mit dem linken Arm oder mit in rechter Hand gehaltenem, nach links deutendem Zeichenstab	-	„Augen – rechts"![242] „Die Augen – links!"

---

[242] Anführungszeichen wie im Original.

Lfd. Nr.	Zeichen	Ausführung	Licht für Zeichen bei Nacht	Bedeutung
9		Faust vor die Brust. Arm dann mehrmals scharf waagrecht, seitwärts schlagen	weiß	„Straße frei!" „Fliegerdeckung!" Halten von Kfz.
10		Arm seitlich ausstrecken, aus Schulter heraus seitlich kreisen a) in geschlossener Ordnung, abgesessen b) Arm seitlich ausstrecken, aus Schulter heraus seitlich kreisen. Arm in Aufmarschrichtung zeigen c) ohne kreisen	weiß - -	a) „Ohne Fahrzeuge antreten!" b) „Geöffneter Aufmarsch nach rechts!" (links) c) „Geschlossener Aufmarsch!" (nur bei formalen Bewegungen)

Lfd. Nr.	Zeichen	Ausführung	Licht für Zeichen bei Nacht	Bedeutung
11		Arme vor der Brust kreuzen	-	„Gewehre zusammensetzen!" oder „Gewehre an die Fahrzeuge!"
12		Ausgestreckten linken Arm in Schulterhöhe vor- und rückwärts bewegen	grün	„Erlaubnis zum Überholen!"
13		Linken Arm waagrecht seitwärts ausstrecken	rot	„Überholen nicht möglich!"

Lfd. Nr.	Zeichen	Ausführung	Licht für Zeichen bei Nacht	Bedeutung
14		Arm mit Zeichenstab waagrecht seitwärts ausstrecken. Zeichen mit Fahrtrichtungsanzeiger	grün	„Schwenken oder in Seitenweg einbiegen!"
15		Arm seitlich abwärts anwinkeln	-	„Abstände verringern!"
16		Arm seitlich aufwärts anwinkeln	-	„Abstände vergrößern!"

Lfd. Nr.	Zeichen	Ausführung	Licht für Zeichen bei Nacht	Bedeutung
17		Kurbelbewegung mit Arm vor dem Körper	weiß	„Motor anwerfen!"
18		Zeichenstab oder Unterarm quer über den Kopf halten	weiß	„Motor abstellen!"
19		Beide Arme hochhalten, gleichzeitig scharf anwinkeln und wieder hochstoßen	-	a) „Kräder, Gefechtsfahrzeuge vor!" b) „Protzen, Nachr.-Fahrzeuge vor!"

Lfd. Nr.	Zeichen	Ausführung	Licht für Zeichen bei Nacht	Bedeutung
20		Erhobene gespreitze Hand wirbeln	-	a) „Führer der nächstniederen Untereinheit zu mir!" b) bei Nachr.-Einheiten: „Nachr.-Zugführer; Nachr.-Staffelführer; Truppführer vor!"

b) Mit Gerät.

Lfd. Nr.	Zeichen	Ausführung	Licht für Zeichen bei Nacht	Bedeutung
21		Hochhalten der Tragebüchse durch Führer	-	„Gasbereitschaft!" (Befehl an Truppe)
22		Gasmaske aus Tragbüchse ziehen, hochhalten und schwenken oder aufsetzen	-	„Gasmaske aufsetzen!" Gasalarm!

c) Gefechtssignale[243] mit Trompete und Signalhorn (für alle Waffen).

d) Sonstige Schallzeichen.

Pfeife: Achtung! (als Hilfsmittel bei Armzeichen). Pfeifpatrone, sowie alle Schallmittel, die nicht mit dem Munde bedient werden (außer Hupe): „G a s a l a r m !"

Hupe: Andauerndes Hupen aller Kfz. (n u r bei geschlossenen Einheiten auf Kfz. im Marsch): „P a n z e r w a r n u n g !"

e) Leuchtzeichen.

Gruppe	Bedeutung	Art	Zeichen
A. Taktische Zeichen.	Hier sind wir.	Weißes Licht.	Leuchtpatrone Einzelstern.
	Wir greifen an, Feuer vorverlegen.	Grünes Licht.	Signalpatrone Einzelstern.
	Feind greift an, Sperrfeuer[244] erbeten.	Rotes Licht[1]).	Signalpatrone Einzelstern.

[1]) Wechsel zwischen Grün und Rot ist vorgesehen.

---

[243] Die Panzer- und Fliegerwarnung sind aus BArch, RH 1/1339: *H.Dv. 200/2m Ausbildungsvorschrift für die Artillerie. Heft 2m: Die Sturmgeschützbatterie*, S. 116.
[244] Siehe Glossar: Sperrfeuer.

Gruppe	Bedeutung	Art	Zeichen
B. Warnzeichen.	Panzerwarnung.	Violetter Rauch[1]); Blauer Rauch[1])[2]).	Rauchbündelpatrone. Rauchbündelpatrone.
C. Sonderzeichen für Panzer und Panzerjägertruppe.	Hier für Panzer fahrbar.	Grüner Rauch.	Handrauchzeichen grün.
	Für Panzer nicht fahrbar.	Roter Rauch.	Handrauchzeichen rot.
	Panzerwarnung.	Violetter Rauch[1]).	Handrauchzeichen violett.
		Blauer Rauch[1])[2]).	Handrauchzeichen blau.

[1]) Wechsel im Kriege zwischen Violett und Blau ist vorgesehen.

[2]) Im Frieden für Schiedsrichterzwecke nach D[245].

---

[245] D verweist üblich auf die D-Vorschriften, vermutlich eine Vorschrift im Nummernbereich 1-99, denn diese galten für alle Waffengattungen.

KAPITEL III
Ergänzende Dokumente

Ergänzung 1: Merkblätter für Artillerie Nr. 34: Richtlinien für den Einsatz der Sturmgeschütz-Einheiten.

Anmerkung

Auf folgenden Seiten findet sich die Transkription des Dokumentes BArch, RH 11-II/46: *Merkblätter für Artillerie Nr. 34.- Richtlinien für den Einsatz der Sturmgeschütz-Einheiten, 27.4.1942.*

Die Formatierung wurde leicht angepasst. Im Gegensatz zur *H. Dv. 200/2m* war im Merkblatt der gesamte Absatz nach einer Ziffer eingerückt. Diese Formatierung wurde nicht übernommen und das Dokument wurde hier der Einheitlichkeit halber auf die Formatierung von Heeresdruckvorschriften angepasst. Die Seitenteilung wurde wie im Original gehandhabt, d.h. jede Seite entspricht im Inhalt der des Originals.

Es ist beim Lesen dieser Ergänzung zu berücksichtigen, dass diese Vorschrift noch von Sturmgeschützen mit der kurzen 7,5 cm Kanone Sturmkanone 37 L/24[246] ausgeht. Die später eingesetzte Sturmkanone 40 L/43 bzw. L/48 wird nicht berücksichtigt. Die ersten Sturmgeschütze mit der längeren 7,5 Kanone wurden im April 1942 an die Division Großdeutschland ausgeliefert,[247] jedoch scheint diese Bewaffnung in dieser Vorschrift nicht berücksichtigt zu sein. Die Kanone mit dem kurzen Rohr hatte andere ballistische Eigenschaften, die Geschoßbahn war weniger flach und die Geschoßgeschwindigkeit war wesentlich geringer. Dementsprechend hatte es geringere Durchschlagskraft gegen gepanzerte Ziele.

Im Merkblatt wird im Gegensatz zur *H. Dv. 200/2m* der Begriff „Batteriechef" nicht benutzt, sondern „Batterieführer". Streng genommen ist dies inkorrekt, allerdings nicht unüblich. Siehe hier zum Beispiel die *H. Dv. 470/7: Die mittlere Panzerkompanie* von Mai 1941, welche nur „Kompanieführer" nicht „Kompaniechef" benutzt. Für weitere Ausführungen siehe im Glossar Batteriechef und Batterieführer.

---

[246] Lauflänge 24-mal die Kaliberlänge.
[247] Müller, Peter; Zimmermann, Wolfgang: *Assault Gun III. Backbone of the German Infantry. Volume I, History: Development, Production and Deployment.* Müller History Facts: Andelfingen, Switzerland, 2009, p. 169.

Anhang zur H. Dv. 1 a Seite 27a lfd. Nr.[248] 39

Oberkommando des Heeres
Generalstab des Heeres
General der Artillerie[249]　　　　　H. Qu.[250], den 27. 4. 1942
Nr. 1600/42 (I b)

Merkblätter für Artillerie

Nr. 34

Richtlinien für den Einsatz der Sturmgeschütz-Einheiten.

Berlin 1942

Gedruckt in der Druckerei des OKW[251]

---

[248] Laufende Nummer.
[249] Siehe Glossar: General der Artillerie.
[250] Hauptquartier.
[251] Oberkommando der Wehrmacht.

136

Vorbemerkung:

Solange die Vorschrift 200/2m noch nicht durch eine Neufassung ersetzt ist, gelten für den Einsatz von Sturmgeschützen die Richtlinien des Merkblattes 34.

I. Wesen und Aufgaben der Sturmgeschütze.

1. Das Sturmgeschütz – eine 7,5 cm-Kanone auf gepanzerter Selbstfahrlafette – ist eine **Angriffswaffe**.

Einsatz von Sturmgeschützen setzt genaue Kenntnis ihrer Eigenart, Leistungsfähigkeit und Verwendungsmöglichkeiten voraus, damit dieses besonders wertvolle Kampfmittel nicht rasch abgenutzt oder zerschlagen wird.

2. Geländegängigkeit, Panzerschutz, Beweglichkeit und stete Feuerbereitschaft gestatten dem Sturmgeschütz, den Angriff der Infanterie zu begleiten und ihr eine ständige artilleristische Unterstützung auf wirksamste Kampfentfernung zu geben. Sturmgeschütze verleihen dem Angriff der Infanterie Wucht und Schnelligkeit und geben ihr einen starken moralischen Rückhalt.

Unterstützung der Infanterie im Angriff ist daher die Eigenart der Sturmgeschütze am meisten entsprechende Aufgabe.

Einsatz als Divisions-Artillerie oder in Zusammenarbeit mit Pz.-Kampfwagen[252] **entspricht nicht** den taktischen und technischen Möglichkeiten der Waffe.[253]

3. Das Sturmgeschütz ist besonders dazu befähigt, schnell mit guter Treffsicherheit und Wirkung feindliche Widerstandsnester[254] und schwere Infanterie-Waffen niederzukämpfen oder Beobachtungsstellen und Waffen mit Nebelmunition zu blenden.

Im Kampf gegen gepanzerte Fahrzeuge können Sturmgeschütze leichte und mittlere Panzerkampfwagen erfolgreich bekämpfen.[255]

---

[252] Panzerkampfwagen.
[253] Vergleiche hierzu die Ausführungen von Manstein abgedruckt in Ergänzung 3.
[254] Siehe Glossar: Nest.
[255] Dieser Absatz legt nahe, dass das Merkblatt noch vom Sturmgeschütz mit der kurzen 7,5 cm Kanone ausging. In den Vorschriften von 1943 (siehe Ergänzung 2) wird auch von schweren Panzern geschrieben. Ebenso zu berücksichtigen ist, dass der T-34 zum Teil als schwerer Panzer eingestuft wurde. So zum Beispiel in *Anhalte zur Ausbildung der Panzerzerstörtrupps*: „Im Gegensatz zu den übrigen schweren Panzern besonders schnell und wendig." CAMO, Fond 500, Opis 12454, Delo 332: *Unterlagen des Ia der Heeresgruppe Mitte: Merkblatt zur Ausbildung von Panzerzerstörungstrupps*, 22.10.1941-30.06.1942.

4. Das Sturmgeschütz folgt der Infanterie von Schießstellung zur Schießstellung. Es feuert **nur** im Halten und nur aus offener, gegen Erd- und Luftbeobachtung möglichst verdeckter Stellung, im direkten Richten[256].

Im Nahkampf ist es empfindlich, da es leicht verwundbare Seiten, oben offene Luken, außerdem geringe Nahverteidigungsmöglichkeiten hat und nur in Fahrtrichtung feuern kann.

Es ist nicht in der Lage, allein selbstständige Aufklärungs- und Kampfaufträge durchzuführen. **Immer** ist Schutz durch Infanterie erforderlich.

II. Gliederung der Sturmgeschütz-Abteilung und der Sturmgeschütz-Batterie.

5. Die Sturmgeschütz-Abteilung besteht aus dem Abteilungs-Stab mit Stabs-Batterie und 3 Sturmgeschütz-Batterien zu je 7 Geschützen (3 Züge zu je 2 Geschützen, 1 Geschütz für den Batterie-Führer). Die sonstige Gliederung ist der einer leichten Artillerie-Abteilung (mot.) ähnlich.

III. Grundsätze für den Einsatz.

Allgemeines:

6. Die Sturmgeschütz-Abteilungen gehören zur Heeres-Artillerie[257]. Zum Einsatz werden sie in der Regel Infanterie-Divisionen oder Infanterie-Divisionen (mot.[258]) unterstellt. Sie werden dann truppendienstlich durch den Artillerie-Führer der Divisionen betreut.

7. Die Sturmgeschütz-Abteilung ist ein Mittel in der Hand des Div.-Kdrs[259]., um die Angriffskraft seiner

---

[256] Siehe Glossar: Richten, direkt.
[257] Die Artillerie Einheiten und Verbände, die Teil der Heerestruppen waren. Heerestruppen unterstanden dem Oberkommando des Heeres und wurden bei Bedarf zeitweise (Groß)Verbänden unterstellt. Siehe Glossar: Heerestruppen.
[258] Motorisiert.
[259] Division-Kommandeurs.

Infanterie an entscheidender Stelle zu stärken. Ob er die Sturmgeschütz-Abteilung dabei geschlossen[260] im Bereich eines Inf.-Rgts.[261] einsetzt oder, was die Regel bildet, batterieweise auf die Rgter.[262] aufteilt, hängt von Lage und Gelände ab.

Grundsätzlich ist der Sturmgeschütz-Verband dem Inf.-Kdr.[263] zu unterstellen, dessen Truppe er unterstützen soll. Das gleiche gilt sinngemäß, wenn Sturmgeschütze Voraus-Abteilungen[264], Vorhuten[265] oder abgezweigten Kräften zugeteilt werden.

8. Die Zersplitterung der Sturmgeschütz-Einheiten in kleine Teile (Züge, einzelne Geschütze) beeinträchtigt die Feuerkraft und erleichtert die feindliche Abwehr. Unterstützung der Infanterie durch einzelne Züge ist daher auf die Ausnahmefälle zu beschränken, in denen eine Führung der geschlossenen Batterie durch den Batterie-Führer[266] nicht möglich ist, z.B.: Stoßtruppunternehmen oder Einsatz in unübersichtlichen Gelände.

Einsatz einzelner Geschütze ist stets zu vermeiden, weil die Geschütze im Kampf gegenseitiger Feuerunterstützung und gegenseitiger Hilfe bei Geländeschwierigkeiten sowie bei Motor- oder sonstigen Schäden bedürfen.

9. Aufgaben und Ziele, die durch die schweren Waffen der Infanterie oder durch die Artillerie bekämpft werden können, sind Sturmgeschützen nicht zuzuweisen. Ihnen fallen vornehmlich solche Ziele zu, die vor Beginn des Angriffs nicht erkannt sind oder die bei oder im Verlauf des Angriffs von

---

[260] Siehe Glossar: Einsatz, geschlossen.
[261] Infanterie-Regimenter, siehe Glossar Infanterie-Regiment.
[262] Regimenter.
[263] Infanterie-Kommandeur.
[264] Siehe Glossar: Voraus-Abteilung.
[265] Siehe Glossar: Vorhut.
[266] Siehe Glossar: Batterieführer.

anderen Waffen nicht **oder nicht schnell genug** bekämpft werden können.

10. Einsatz von Sturmgeschützen ist besonders dann erfolgreich, wenn es gelingt, den Feind zu überraschen und ihn am rechtzeitigen Aufbau stärkerer Panzer-Abwehr zu hindern. Hierzu sind unauffällige Erkundung, gedeckte Annäherung und Bereitstellung, gedecktes Vorfahren in die Feuerstellung und überraschende Feuereröffnung notwendig.

11. Eingehende Besprechung über den beabsichtigen Kampfplan zwischen dem Führer der Infanterie und der Sturmgeschützeinheit ist vor der endgültigen Auftragserteilung notwendig.

Stets ist anzustreben, vor dem Einsatz ein möglichst klares Bild über den Feind, vor allem über Aufstellung seiner panzerbrechenden Waffen und Lage seiner Sperren (Minen), sowie über die Beschaffenheit des Geländes zu gewinnen. Überstürzter Einsatz ohne ausreichende Aufklärungs- und Erkundungsergebnisse kann den Erfolg des Angriffs in Frage stellen. Vorzeitiges Vorführen in den Bereitstellungsraum und langes Warten setzt die Sturmgeschütze unnötigen Verlusten aus.

12. Nach Beendigung ihres Kampfauftrages sind Sturmgeschütze, besonders in der Nacht, nicht zu Sicherungsaufgaben einzuteilen, sondern zur Wiederherstellung ihrer Kampfbereitschaft (Munitionierung, Tanken und Durchführung der notwendigen technischen Arbeiten) aus der vordersten Linie herauszuziehen.

13. Nach vier bis fünf Einsatztagen ist den Sturmgeschützeinheiten die nötigste Arbeitszeit für die Wiederherstellung ihrer Einsatzbereitschaft zu geben. Läßt dies die Lage nicht zu, muß in Kauf genommen werden, daß Teile vorübergehend nicht einsatzbereit sind oder ganz ausfallen.

Für die Unterkunft sind den Sturmgeschützen möglichst Räume zuzuweisen, in denen unter Anlehnung an vorhandene Hallen und Maschinenräume die Instandsetzungsdienste ihre Arbeit leicht und schnell durchführen können.

Zusammenarbeit mit anderen Waffen;
Zielübermittlung, Feuerleitung:

14. Die mit Sturmgeschützen zusammenarbeitende Truppe muß Bewegungen und Kampf der Geschütze in schwierigem und minenverseuchten Gelände mit **allen Mitteln** unterstützen. Hierzu gehören Durchlotsen durch Gräben, Wasserläufe, versumpftes Gelände und durch Gassen in Minenfeldern. Zuteilung von Pionieren ist zweckmäßig. Diese sind, wenn möglich, mit Zeitvorsprung einzusetzen.

Aufgabe der Artillerie und der schweren Waffen ist es, Sturmgeschütze durch Niederhalten oder Zerschlagen der feindlichen panzerbrechenden Waffen zu unterstützen.

15. **Zielaufklärung** und **Zielanweisung** erfolgt in engster Zusammenarbeit mit der Infanterie.

Vor jedem Einsatz sind bei der Aussprache des Abteilungs-(Batterie-) Führers[267] mit dem Rgts.-(Batls.-)[268] Führer die Ergebnisse der Spähtrupperkundung und der Geländebeobachtung für die beabsichtigte Kampfführung auszunutzen.

Während des Kampfes ist zwischen den Führern der Sturmgeschütze (Abtlgs.-[269], Batterie-, Zug-Führer) und den Führern der Infanterie (Rgts.-, Batls.-, Komp.-, Zug-Führer)[270] immer wieder engste Verbindung zu suchen und durch persönliche Aussprache, Melder der Infanterie oder Zeichen (z. B. Deutschüsse der Infanterie in Zielrichtung) herzustellen. Entscheidend für den Erfolg ist die rasche und deutliche Zielübermittlung an die Sturmgeschütze besonders gegen schwer sichtbare Ziele. Mot.[271] Infanterie, Schützen und Kradschützen[272], die mit Winkertafeln für die Zusammenarbeit mit Panzern ausgerüstet sind, können diese auch für die Übermittlung von Zielen usw. an die Sturmgeschütze benutzen.

16. Die Möglichkeit einer **Feuerleitung** der Sturmgeschütze durch den Batterieführer ist vom Gelände, der Stärke und dem Verhalten des Gegners abhängig. Ist eine Zielanweisung durch den Batterieführer infolge unübersichtlichen Geländes, breiter Gefechtsstreifen oder Auflösung des Gefechts in Einzelkampfhandlungen nicht möglich, so liegt die Feuerleitung **zeitweise** bei den Zugführern. Diese müssen dann unmittelbar mit den vordersten Zügen der Infanterie zusammenarbeiten. Zusammenfassen der Batterie durch den Batterieführer ist immer wieder anzustreben.

---

[267] Siehe Glossar: Batterieführer.
[268] Regiment (Bataillon).
[269] Abteilung, siehe Glossar: Abteilung.
[270] Regiment, Bataillon, Kompanie.
[271] Motorisierte.
[272] „Krad" ist eine Kurzform für „Kraftrad", ein altes Wort für Motorrad. Siehe Glossar: Krad. „Kradschützen" waren Infanteristen die sich auf Krädern fortbewegten und zum Teil auch kämpften.

IV. Marsch.

17. Bei Unterstellung unter eine Division behält der Divisions-Kommandeur die Sturmgeschütz-Abteilung während des Marsches möglichst lange geschlossen[273] in der Hand. Je nach Lage und Gelände, vor allem auch beim Marsch durch Wälder, kann er jedoch den Regimentsmarschgruppen einzelne Sturmgeschütz-Batterien für den Marsch zuteilen. Der Batterieführer[274] befindet sich mit Teilen des Batterietrupps meist beim Marschgruppenführer. Die Eingliederung einer Sturmgeschütz-Batterie weit vorn in der Vorhut[275] gewährleistet am besten das schnelle Brechen feindlichen Widerstandes. Hierbei ist die Zahl der mitgeführten Fahrzeuge möglichst gering zu halten.

18. Das durchschnittliche Marschtempo der Sturmgeschütze beträgt etwa 22 km/std. Sie können daher bei längeren Märschen weder im Schritttempo der Infanterie noch im Marschtempo der mot.[276] Einheiten fahren. Sie werden sich daher in der Regel in Abständen zwischen den einzelnen Marschgruppen bzw. der Vorhut usw. sprungweise bewegen müssen.

19. Kriegsbrücken der Pioniere dürfen von Sturmgeschützen nur im Schritttempo (5 km/std), genau auf der Mitte der Bahn, möglichst ohne Lenkbewegungen und Stöße, mit Abständen von mindestens 30 m überschritten werden. Die Brücken müssen eine Tragfähigkeit von 22 t besitzen. Frühzeitige Verbindungsaufnahme der Führer der Sturmgeschützeinheiten mit den Brückenkommandanten ist notwendig.

---

[273] Siehe Glossar: Einsatz, geschlossen.
[274] Siehe Glossar: Batterieführer.
[275] Siehe Glossar: Vorhut.
[276] Motorisierten.

V. Angriff.

20. Aufgabe der Sturmgeschütze ist es, in Zusammenarbeit mit den anderen Waffen den Einbruch[277] der Infanterie in die feindliche Stellung und das Durchkämpfen der Tiefe des Gefechtsfeldes zu unterstützen.

21. Der Abteilungs- bzw. der Batterieführer[278] hat nach Eintreffen des Befehls der Division sofort persönliche Verbindung mit dem Führer des Inf.[279]-Verbandes aufzunehmen, den er zu unterstützen hat. Auf Grund des Auftrags und nach eingehender Aussprache über Feindlage, Gelände, beabsichtigte Kampfführung der Infanterie, Aufgaben der schweren Waffen und der Artillerie usw. legt der Führer der Sturmgeschützeinheiten seinen Kampfplan fest.

Er gibt an seine Einheiten bzw. Züge **engbegrenzte** Kampfaufträge und zeigt, soweit möglich, die zu bekämpfenden Ziele im Gelände.

22. Das Vorbrechen zum Angriff erfolgt je nach Lage entweder unmittelbar aus dem Vormarsch heraus oder aus Lauerstellungen[280] bzw. weiter rückwärts gelegenen Bereitstellungsräumen. In den beiden letzten Fällen sind gedeckte Anmarschwege nötig. Mit der vordersten Infanterie ist auch aus Lauerstellungen oder Bereitstellungsräumen engste Verbindung zu halten.

23. Beim Kampf gegen Bunker könnten Sturmgeschütze zur Bekämpfung der Scharten mit Panzergranaten[281] eingesetzt werden. Kopplung mit Sturmpionieren mit Flammenwerfern ist in diesem Falle besonders wirksam. Erkundungen und Festlegung des Angriffsplans sind gemeinsam durchzuführen.

---

[277] Siehe Glossar: Einbruch.
[278] Siehe Glossar: Batterieführer.
[279] Infanterie.
[280] Siehe Glossar: Lauerstellung.
[281] Panzerbrechende Granaten.

VI. Verfolgung.

24. Bahnt sich die Verfolgung an, so halten sich die Sturmgeschütz-Batterien eng an die eigene Infanterie heran, um jeden auftauchenden Widerstand in geschlossenem Einsatz[282] durch starkes Feuer sofort zu brechen.

25. Zuteilung von Sturmgeschütz-Batterien zu Verfolgungs-Abteilungen ist zweckmäßig, um erneutes Setzen des Gegners zu verhindern und die Verfolg in Fluß zu halten.

VII. Verteidigung.

26. **Angriffsweise Verwendung** der Sturmgeschütze ist auch in der Abwehr **Grundsatz**. Aufgabe der Sturmgeschütze in der Verteidigung ist die Unterstützung von Gegenstößen[283] und Gegenangriffen[284].

27. Der Bereitstellungsraum ist, genügend weit von der H.K.L.[285] abgesetzt, so zu wählen, daß die Sturmgeschützeinheiten in der Lage sind, an **jeder** Stelle des Abschnittes Angriffen und Einbrüchen in die H.K.L. blitzschnell zu begegnen.

28. Der Einsatz erfolgt nach den Grundsätzen für die Unterstützung eines Infanterie-Angriffs. Die Erkundungen sind möglichst frühzeitig mit den Führern der zum Gegenstoß oder Gegenangriff vorgesehenen Infanterie durchzuführen.

---

[282] Siehe Glossar: Einsatz, geschlossen.
[283] Siehe Glossar: Gegenstoß.
[284] Siehe Glossar: Gegenangriff.
[285] Siehe Glossar: Hauptkampflinie.

VIII. Abbrechen des Gefechts und Rückzug.

29. Durch ihre Panzerung, Geländegängigkeit und Schnelligkeit sind die Sturmgeschütze selbst bei enger Gefechtsberührung in der Lage, sich rasch vom Feinde zu lösen und sich schnell und weit abzusetzen. Sie können daher den Feind lange aufhalten und sich schnell vom Feinde lösen. Gegenüber gepanzertem Feind ist rechtzeitiger Aufbau eines starken Feuerschutzes hinter panzersicheren[286] Abschnitten geboten. Unterstellung von Sturmgeschützeinheiten unter die Nachtruppen kann in Frage kommen.

IX. Gefecht unter besonderen Verhältnissen.

30. Der Einsatz in Ortschaften und im Wald erfordert **besonders starke infanteristische Nahsicherung**, soweit nicht mangelnde Sicht, beschränktes Schußfeld und Gefährdung der eigenen Truppe die Verwendung von Sturmgeschützen **überhaupt** verbieten.

Für den Einsatz bei Dunkelheit sind Sturmgeschütze auf Grund ihres Aufbaus und ihrer Ausrüstung nicht geeignet.

31. **Ortsgefecht**: Beim Ortsgefecht unterstützen Sturmgeschütze, oft **zugweise**[287] den Stoßtrupps unterstellt, die Infanterie. Eingehende Aussprache, die die Durchführung des Unternehmens in allen Einzelheiten klärt, und häufige Zusammenarbeit mit dem gleichen Inf.[288]-Verband sind für das Gelingen von Ortsgefechten von wesentlicher Bedeutung.

---

[286] Siehe Glossar: Panzersicher.
[287] Also 2 Sturmgeschütze, siehe Glossar: Zug.
[288] Infanterie.

32. **Waldgefecht:** Die Sturmgeschütze überwachen Annäherung und Eindringen der Infanterie in den Wald. Im Wald können sie in der Regel die eigene Infanterie infolge des geringen Schwenkbereiches[289] der Kanone und der erschwerten Beobachtungsverhältnisse nur wenig unterstützen, gefährden diese auch leicht durch vorzeitig an Ästen usw. detonierende Geschosse. Beim Kampf gegen Stützpunkte in Wäldern sind besonders eingehende Erkundungen erforderlich.

33. **Einsatz im Winter:** Der Einsatz ist von den Gelände- und Schneeverhältnissen abhängig. Geringe Bodenfreiheit der Sturmgeschütze beschränkt ihre Verwendung meist auf die vorhandenen Straße, an denen stets mit erhöhter Feindabwehr zu rechnen ist. Nur eine eingehende Vorbereitung und sorgfältiges Abschätzen des erwarteten Erfolges rechtfertigen daher ihren Einsatz.

X. Versorgung.

34. Die Sturmgeschütz-Abteilung[290] führt als Heerestruppe[291] ihre volle erste Ausstattung an Munition[292], Betriebsstoff und Verpflegung mit. Versorgungseinheit, vor allem hinsichtlich der Kfz.-Instandsetzung, ist die Abteilung.

35. Regelung der Versorgung der Abteilung, besonders mit Betriebsstoff, Munition und Panzerersatzteilen, ist bei der Unterstellung unter eine Division bei den oberen Kommando-Behörden (Korps, Armee) **rechtzeitig** zu beantragen.

---

[289] Der horizontale Schwenkbereich der Sturmgeschütze der Ausführung A bis E betrug je 12 Grad nach links und rechts, ab der Ausführung F wo die längere 7,5 cm Kanone verbaut wurde nurmehr je 10 Grad nach links und rechts. Spielberger, Walter J.; Doyle, Hilary L.: *Sturmgeschütze. Entwicklung und Fertigung der sPaK*. Motorbuch Verlag: Stuttgart, 2014, S. 252-253.

[290] Siehe Glossar: Abteilung bzw. Sturmgeschütz-Abteilung.

[291] Siehe Glossar: Heerestruppen.

[292] Siehe Glossar: Munitionsausstattung, erste.

36. Der Abteilungs-Kommandeur ist für die Versorgung der Abteilung[293] und der einzelnen Batterien verantwortlich.

37. Jeder Sturmgeschütz-Batterie-, Zug- und Geschütz-Führer muß **dauernd** über die Versorgungslage seiner Einheit usw. im Bilde sein. Er ist verpflichtet, seine Vorgesetzten rechtzeitig Meldung zu erstatten und von sich aus für die Ergänzung von Munition, Betriebsstoff und Verpflegung zu sorgen.

Im Auftrage
Brand.

---

[293] Siehe Glossar: Abteilung bzw. Sturmgeschütz-Abteilung.

Anhang.

Zahlenangaben.

Gefechtsgewicht des Sturmgeschützes	22 t
Höchstgeschwindigkeit	
a) im Gelände	12 km/std
b) auf fester Straße	35 km/std
Durchschnittsgeschwindigkeit	22 km/std
Fahrbereich:	
Straße (unter normalen Verhältnissen)	150 km
Gelände	90 km
Kaliber der Kw.[294] Kanone	7,5 cm
Größte Schußweite	6000 m
Normale Kampfentfernung	zwischen 400-1200 m

Munitionsausstattung:

je Geschütz   224 Schuß Sprenggranaten ⎫
　　　　　　　 46 Schuß Panzergranaten ⎬ 300 Schuß
　　　　　　　 30 Schuß Nebelgranaten   ⎭

Betriebsverbrauch für eine Batterie	4000 l
(unter normalen Verhältnissen)	(100 km)

Erste Ausstattung mit Betriebsstoff = $3^{1}/_{2}$ Verbrauchssätze

Marschlänge im Halten:

Stab Sturmgeschütz-Abteilung (mot.)	250 m
Stabs-Batterie (mot.)	950 m
Sturmgeschütz-Batterie	1400 m

---

[294] Kampfwagen.

Ergänzung 2: Auszüge aus Vorschriften bezüglich der Panzerbekämpfung ab 1943

Anmerkung

Die Vorschrift *H. Dv. 200/2m: Die Sturmgeschützbatterie* von September 1942 scheint die letzte größere publizierte Vorschrift für den Einsatz der Sturmgeschütz-Batterie gewesen zu sein. Im Militärarchiv in Freiburg im Breisgau findet sich derzeit keine spätere Vorschrift. Dies entspricht auch dem Informationsstand im *Katalog der Druckvorschriften der ehemaligen Wehrmacht*, welcher 1960 vom Bundesministerium der Verteidigung der Bundesrepublik Deutschlands zusammengestellt wurde. Allerdings wird dort auch nur die *H. Dv. 200/2m: Vorläufige Ausbildungsanweisung für die Sturmbatterie* vom 24.8.1940 angeführt, die Version von September 1942 ist nicht angeführt.

Dies ist Vorschriften des deutschen Heeres im 2. Weltkrieg nicht unüblich. Bei der Panzerwaffe blieben die Vorschriften für die leichte und mittlere Kompanien von 1940 und 1941, bis zum Kriegsende bestehen. Hierbei ist anzumerken, dass es dabei zu wesentlichen Veränderungen der Bewaffnung der Panzer kam.

Nachdem das Sturmgeschütz mit der langen 7,5 cm oft eine zentrale Rolle in der Panzerbekämpfung übernahm, ist es eine wichtige Frage in welcher Art und Weise dies in den Vorschriften übernommen wurde. Der Abschnitt X. Panzerbekämpfung umfasst in der *H. Dv. 200/2m: Die Sturmgeschützbatterie* von September 1942 gerade mal zwei Punkte auf weniger als einer Seite. Dies deutet an, dass die Vorschrift in erster Linie noch für Sturmgeschütze mit der kurzen 7,5 cm Kanone geschrieben wurde. Die Grafiken auf Seite 107 (Seite 91 im Original) zeigen zwar Sturmgeschütze mit der langen 7,5 cm Kanone, aber der Text scheint nicht von dieser Bewaffnung auszugehen. Es würde die Vermutung nahelegen, dass später ein Merkblatt für die Verwendung von Sturmgeschützeinheiten in der Panzerbekämpfung veröffentlicht worden wurde. Allerdings konnte ein solches Dokument bisher nicht gefunden werden.[295] Auf den ersten Blick mag dies überraschen, jedoch hat sich an der grundsätzlichen Taktik und Einsatzprinzipien oft nichts Grundsätzliches

---

[295] So gab es zum Beispiel ein ergänzendes Merkblatt für die *H. Dv. 130/4a: Die Infanteriegeschütz-Kompanie* für den Einsatz im Gebirge: *Ausbildung am le.Geb.I.G. [leichtes Gebirgs-Infanteriegeschütz] und Verwendung von Infanteriegeschützen im Gebirge* vom April 1942.

geändert.[296] Dies sieht man zum Beispiel auch bei der Panzerwaffe. So wurde im Mai 1941 die *H. Dv. 470/7: Die mittlere Panzerkompanie* herausgegeben. Diese Vorschrift war für den Panzer IV mit der kurzen 7,5 cm Kanone und dem Panzer II mit der 2 cm Kanone geschrieben. Dieselbe Vorschrift sollte später für die schwere Panzerkompanie als Basis dienen, hierfür wurde sie um ein 19-seitiges Merkblatt ergänzt.[297] Die schwere Panzerkompanie setzte sich allerdings aus Tiger I zusammen, welche mit der 8,8 cm Kanone ausgestattet waren, welche über ein viel stärkere Durchschlagskraft verfügte, ebenso war die Panzerung des Tigers wesentlich stärker als die des Panzer IV.

Die mit hoher Wahrscheinlichkeit beste Quelle zur auf Panzerbekämpfung durch Sturmgeschütze dürfte das *Merkblatt 27b/57: Richtlinien für den Einsatz von Sturmgeschützen im Rahmen einer Infanterie-Division* sein. Zusätzlich liegt zumindest ein Entwurf für die *Führung und Kampf der Sturmgeschützabteilung* vom Juli 1943 vor, diese wurde anscheinend nicht als eine D-Vorschrift, Merkblatt oder Heeresdruckvorschrift veröffentlicht. Es ist nicht bekannt, ob der Entwurf anderweitig veröffentlicht wurde, obwohl dies keine Ausnahme wäre. Es gibt zum Beispiel auch Entwurfsfassung einer Heeresdruckvorschrift welche, da sie in gedruckter Form in größerer Zahl vorliegt, anscheinend veröffentlicht wurde.[298]

Merkblatt 27b/57: Richtlinien für den Einsatz von Sturmgeschützen im Rahmen einer Infanterie-Division (Auszug)

Anmerkung

Das *Merkblatt 27b/57: Richtlinien für den Einsatz von Sturmgeschützen im Rahmen einer Infanterie-Division* wurde erstmalig veröffentlicht am 9. Oktober 1943. Es wurde im September 1944 unverändert nachgedruckt.[299]

---

[296] Danke an Jens Wehner für diesen Hinweis.
[297] *Merkblatt 47a/29: Merkblatt für Ausbildung und Einsatz der schweren Panzerkompanie Tiger*, 20.5.1943, S. 2.
[298] Siehe Eintrag im Bundesarchiv: BArch, RH 1/1189: H.Dv. 130/2a Entwurf: Ausbildungsvorschrift für die Infanterie.- Heft 2a: Die Schützenkompanie, 16.03.1941. [...] Nachdruck mit eingearbeiteten Berichtigungen, 1942.
[299] BArch, RH 11-II/66: *Merkblatt 27b/57: Richtlinien für den Einsatz von Sturmgeschützen im Rahmen einer Infanterie-Division*, 9.10.1943 unveränderter Nachdruck Sept. 1944.

Der Text wurde im Original auf Schreibmaschine abgetippt, hierbei ist zu beachten, dass das große „i" damals meist als „J" geschrieben wurde. Dieser Umstand wird in der Transkription beibehalten.

Es folgen die jeweiligen Auszüge, die sich mit der Kampf gegen Panzer beschäftigen. Die Formatierung vom Original wurde nur teilweise übernommen.

Auszüge
I. Aufgaben und Gliederung von Sturmgeschützeinheiten.

Aufgaben.

1. Die Sturmgeschütze sind gepanzerte Selbstfahrlafetten mit 7,5 cm-K.[300] oder mit 10,5 cm-Haub.[301] bewaffnet.

Sie sind eine Angriffswaffe und unterstützen die Jnfanterie unmittelbar dadurch, daß sie den Angriff begleiten und durch ihr Feuer Widerstandsnester oder vorgehenden Feind niederkämpfen, niederwalzen oder niederhalten. Zusammengefaßt und planmäßig eingesetzt ist ihr Erfolg entscheidend.

Die mit 7,5 cm-K. ausgestatteten Sturmgeschütze sind infolge ihrer großen Reichweite, Treffgenauigkeit und hohen Durchschlagskraft zur Bekämpfung schwerer und schwerster feindlicher Panzerkampfwagen besonders geeignet.[302]

[...]

4. Ist mit einem starken feindlichen Panzerangriff zu rechnen, so sind Sturmgeschütze die Träger des Kampfes gegen die feindlichen Pz. Kpfw.[303], vornehmlich dann, wenn andere panzerbrechende Waffen nicht oder nicht ausreichend zur Verfügung stehen.

[...]

8. Die Sturmgeschütze feuern im Halten und nur in Fahrtrichtung aus offener, möglichst versteckter Feuerstellung und schießen im direkten Richten[304] mit guter Treffsicherheit auf Entfernungen bis zu 2000 m. Die wirksamste

---

[300] Kanonen.
[301] Haubitzen.
[302] Vergleiche hierzu die Dokumente von 1942, wo nur von leichten und mittleren Panzern geschrieben wird.
[303] Panzerkampfwagen.
[304] Siehe Glossar: Richten, direkt.

Schußentfernung liegt zwischen 100 und 1000 m. Im allgemeinen können folgende Ziele mit gutem Erfolg bekämpft werden:

a) Schützen, Fahrzeuge und Marschkolonen mit A.Z.[305] und A.Z.m.V.[306] (in erster Linie durch Sturmhaubitzen mit Abprallern[307]),

b) Pz.Kampfwagen durch Pz.Granaten[308] oder Sondermunition[309],

c) Feldbefestigungen aller Art durch A.Z. und A.Z.m.V., möglichst in zusammengefaßten Feuer,

Widerstandnester und B.-Stellen[310] im Punktschießen mit A.Z. und betonierte Kampfstände im Scharten-Beschuß und mit Pz.-Granaten,

d) Beobachtungsstellen und schwere Waffen durch Nebel-Munition (vorübergehendes Blenden).

[...]

Gliederung.

[...]

II. Grundsätze für den Einsatz.

[...]

17. **Feindliche Panzerkampfwagen** sind bei jeder Kampfhandlung die **wichtigsten Ziele** und ohne Rücksicht auf den bestehenden Auftrag sofort zu bekämpfen.

18. Die Sturmgeschütze sind infolge ihrer **Wendigkeit** und ständigen **Feuerbereitschaft** ein entscheidendes Mittel der Truppenführung, in den Wechsellagen des Panzerkampfes rasch **Schwerpunkte**[311] der Panzerabwehr zu bilden.

---

[305] Aufschlagzünder.
[306] Aufschlagzünder mit Verzögerung.
[307] Siehe Glossar: Abpraller.
[308] Panzergranaten, hierbei sind panzerbrechende Granaten gemeint.
[309] Hierbei sind vermutlich Hohlladungsgeschosse gemeint.
[310] Beobachtungsstellen. Diese wurden in erster Linie von Beobachtern der Artillerie oder anderen schwere Waffen genutzt.
[311] Siehe Glossar: Schwerpunkt.

Entwurf Ausbildungsvorschrift für die Sturmartillerie. Führung und Kampf der Sturmgeschütze. Sturmgeschützabteilung, Juli 1943 (Auszug)

Anmerkung

Der Entwurf für *Führung und Kampf der Sturmgeschütze - Die Sturmgeschützabteilung* wurde Sturmartillerie-Lehrstab im Juli 1943 veröffentlicht.[312] Es folgen die jeweiligen Auszüge, die sich mit der Kampf gegen Panzer beschäftigen. Die Formatierung vom Original wurde nur teilweise übernommen.

Auszug

13. Kampf mit Panzern.

159) Mit der Möglichkeit des Auftretens feindl.[313] Panzerkampfwagen muß immer gerechnet werden. Je überraschender sie erscheinen, desto gefährlicher ist ihre Wirkung. Die Sturmgeschütze müssen deshalb in jeder Lage stets zur Abwehr feindl. Panzerfahrzeuge bereit sein.

160) Leichten Panzerkampfwagen sind die Sturmgeschütze weit überlegen. Sie werden mit Pz.-Granaten oder Gr. 38[314] bekämpft und im Nahkampf gerammt[315]. Aber auch den meisten mittle-ren[316] und schweren Panzern ist das

---

[312] CAMO, Fond 500, Opis 12480, Delo 137: *Übersetzte Beutedokumente zu Panzertruppen, Sturmgeschützen und zur Panzerabwehr, Verhöre deutscher Kriegsgefangener, Ausbildungsmaterial, Merkblätter u.a.*, 28.01.1941-13.03.1945, Bl. 49.
[313] Feindlicher.
[314] Granate 38 Hohl-Ladung, eine panzerbrechende Granate mit einem Hohlladungssprengkopf.
[315] Dies widerspricht den Grundsätzen der Panzerwaffe, wo zumindest vor dem Krieg explizit angeführt wurde, dass das Rammen selbst kleiner Panzer sinnlos ist, da dies meist dazu führt, dass der eigene Panzer beschädigt und immobilisiert wird. Jentz, Thomas L.: *Panzertruppen 1 – The Complete Guide to the Creation & Combat Employment of Germany's Tank Force – 1933-1942*. Schiffer Military History: Atglen, USA, 1996, p. 85. Ebenso schreibt Kaufmann im Panzerkampfwagenbuch von 1940, dass das Rammen ein „Unsinn" sei. Kauffmann, Kurt: *Panzerkampfwagenbuch*. 2. Verbesserte und erweiterte Auflage, 1940. Reprint: Melchior Historischer Verlag: Wolfenbüttel, 2014, S. 85.
[316] So im Original.

Sturmgeschütz zumindest ebenbürtig. Sturmgeschütze können also einen Kampf mit Panzern aufnehmen und erfolgreich durchführen.

161) Beim Zusammentreffen mit Panzern kommt es darauf an, als erster das Feuer aus möglichst naher Entfernung zu eröffnen. Es ist zweckmäßig, in Lauerstellung[317] stehend die feindl.[318] Panzer auf sich zukommen zu lassen.

162) Bei schweren feindl. Panzern, die nicht ohne weiteres durch den Treffer einer Pz.-Granate[319] außer Gefecht gesetzt werden können, hilft eine rasche Folge von A. Z.[320], wodurch meist der Turm geklemmt und durch die moralische Wirkung die Bedienung zum Aussteigen veranlaßt wird.

163) Besonders günstig ist es, wenn man feindl. Panzer in die Flanke kommen kann. Jeder Panzerkampfwagen ist im Laufwerk besonders verwundbar. Treffer in die Seite haben meistens sofortige Bewegungsunfähigkeit zur Folge.

164) Den sichersten Erfolg bringt das zusammengefaßte Feuer mehrerer Sturmgeschütze auf einen Panzerkampfwagen, neben der Wahrscheinlichkeit von günstigen Treffern ist hierbei die moralische Wirkung am größten.

---

[317] Siehe Glossar: Lauerstellung.
[318] Feindlichen.
[319] Panzer-Granate, hiermit sind panzerbrechende Granaten gemeint.
[320] Aufschlagzünder, hierbei sind hochexplosive Granaten bzw. Spreng-Granaten gemeint die mit Aufschlagzünder versehen sind bzw. mit der Einstellung ohne Verzögerung wirken.

Ergänzung 3: Mansteins Denkschrift und Antwort

Anmerkung

Hier folgt eine Transkription der Denkschrift Mansteins zu Sturmgeschützen,[321] sowie die Antwort der 2. Abteilung des Generalstabes des Heeres dazu vom 16. Juni 1936.[322]

Die beiden vorliegenden Texte wurden im Original mit der Schreibmaschine abgetippt. Wie bei den vorherigen Dokumenten ist zu beachten, dass das große „i" damals meist als „J" geschrieben wurde. Dies wurde auch hier, in der Transkription beibehalten. Die Seitengliederung wird bei dieser Transkription nicht beibehalten, ebenso wird das „Verbindungswort" am Ende einer Seite ausgelassen. In den Schreiben der Wehrmacht war es üblich bei Dokumenten die Schreibmaschine geschrieben wurden am Ende der Seite, das erste Wort der folgenden Seite unten anzuführen. Die Schreibmaschine verfügte entweder über kein scharfes „ß" oder es wurde nicht verwendet, dies wurde wie im Original beibehalten.

Dem Text von Manstein wurden einige Anmerkungen seitlich handschriftlich hinzugefügt. Diese wurden nicht in den Text mitaufgenommen. Nur die handschriftlichen Korrekturen am Text sind berücksichtigt.

---

[321] BArch, RH 2/1386: *Motorisierung sowie Ausstattung der Truppe mit Waffen und Gerät*, 1.Abt.Nr.890/36 g.Kdos., 8. Juni 1936, Bl. 9-13.

[322] BArch, RH 2/1386: *Motorisierung sowie Ausstattung der Truppe mit Waffen und Gerät*, Bezug: 1.Abt.Nr.890/36 g.Kdos. v. 8.6.36, 16. Juni 1936, Bl. 8.

Mansteins Denkschrift

8.6.1936

1.Abt.Nr.890/36 g.Kdos.[323]

An den

Herrn Chef des Generalstabes.

Nachdem der Gedanke der Schaffung einer gepanzerten Sturmartillerie die grundsätzliche Billigung des Herrn des Generalstabes gefunden hat, erscheint es notwendig, neben der technischen Entwicklung des entsprechenden Geschützes schon jetzt die Gewinnung der taktischen Unterlagen für die Verwendung der Sturmartillerie einzuleiten. Es wird sonst der Fall eintreten, dass wir die neue Waffe haben, ohne sofort mit ihr umgehen zu können.

Es ist festzustellen, dass z.Zt.[324] nicht nur bei uns, sondern auch in anderen Staaten die Gedankengänge über die Verwendung der Kampfwagenwaffe und der Sturmartillerie nicht klar geschieden werden, dass vielmehr beides immer wieder durcheinander geworfen wird. So wird einerseits verlangt, dass die Kampfwagen unter voller Ausnutzung ihrer Geschwindigkeit die feindl.[325] Jnfanteriezone zu durchbrechen haben, um an den Lebensnerv des Gegners, seine Artl.[326] und seine höheren Stäbe, wie auch an die feindl. Reserven heranzukommen. Anderseits fordert man, dass die Fühlung mit der Jnfanterie nicht verloren gehen dürfe, da sonst der Erfolg des ganzen Kampfwagenangriffs in Frage gestellt sei. Die Kampfwagenwaffe neigt der Ansicht zu, dass die Jnfanterie die Fühlung zu halten habe, was ein dauerndes Laufen des Jnfanteristen, also eine Unmöglichkeit bedeutet. Die Jnfanterie will wenigstens eine Welle der Kampfwagen in ihrem Bereich behalten, was den Verzicht auf die

---

[323] Geheime Kommandosache, hierbei handelte es sich um die zweit höchste militärische Geheimhaltungsstufe, die höchste war Geheime Kommandosache-Chefsache.
[324] Zur Zeit.
[325] Feindlichen.
[326] Artillerie.

Geschwindigkeit der Kw.[327] und damit ihren wesentlichen Schutz gegen feindl. Artl.Wirkung[328] zur Folge hätte.

Demgegenüber ist festzustellen, dass die Kampfwagenwaffe und Sturmartillerie, mögen sie technisch einander auch weitgehend ähneln, taktisch gesehen vollkommen verschiedene Waffen sein müssen. Niemand ist in früherer Zeit auf den Gedanken verfallen der attackierenden Kav.[329] Jnf[330] unmittelbar anzuhängen. Ebensowenig hat man von einem Reiter verlangt, dass er im Schritt zusammen mit der Jnfanterie angriff.

Es ist also klarzustellen:

I. Die Panzerverbände sind gemischte Verbände aller Waffen, deren[331] Zusammensetzung ihnen das selbständige Kämpfen, die Lösung eigener Gefechtsaufträge ermöglicht. Wenn auch die Kampfwagenwaffe ihnen das Gepräge gibt,so[332] verfügen sie daneben doch zur Unterstützung der Kampfwagen im Angriff über eigene mot. Artl.[333], zur Ausnutzung des Erfolges über mot.Jnf.[334], ferner über die erforderlichen techn. Truppen.

Panzerverbände werden mit selbständigen Gefechtsauftrag zu entscheidenden Stössen, möglichst gegen Flanke und Rücken des Gegners oder wenigstens auf einem freien Flügel[335], angesetzt. Es kann ihnen auch die Aufgabe eines überraschenden Durchbruchs[336] durch eine feindl. Front aufgetragen werden. Jn jeden Fall aber werden sie selbständig angreifen, ihre Aufgabe mit eigenen Mitteln zu lösen haben. Sobald man versucht, sie mit anderen Verbänden zu koppeln, büssen sie den Wert ihrer Eigenart ein.

Die Verwendungsmöglichkeit von Panzerverbänden wird jedoch, wie in früherer Zeit die der grossen Kav.Körper, durch das Gelände erheblich eingeschränkt sein. Wie bei diesem schliessen Waldzonen, Gebirge, Flussläufe, Sümpfe die Verwendung aus oder schränken sie doch entscheidend ein.

---

[327] Kampfwagen.
[328] Feindliche Artillerie Wirkung.
[329] Kavallerie.
[330] Infanterie, im Original ohne Punkt am Ende.
[331] Das „en" wurde handschriftlich ergänzt.
[332] Fehlendes Leerzeichen nach Komma wie im Original.
[333] Motorisierte Artillerie.
[334] Motorisierte Infanterie, fehlendes Leerzeichen wie im Original.
[335] Siehe Glossar: Flügel.
[336] Siehe Glossar: Durchbruch.

Auch gegen eine wohl vorbereitete Front des Gegners werden sie zu einem durchschlagenden Erfolg kaum kommen. Dagegen wird ihre Wirkung ausschlaggebend sein, wenn sie den Feind an einer empfindlichen Stelle fassen, ihm überraschen, ehe er gefechtsbereit ist, oder wenn sie auf einen bereits erschütterten Gegner stossen. Zur vollsten Ausnutzung ihrer Wirkungsmöglichkeit werden sie im Rahmen einer schnellen Armee (schnelle Div.[337], Pz.-Div., Jnf.Div.(mot.) kommen.[338]

II. Panzer – Brigaden, also reine Kampfwagen – Brigaden, sie man auch[339] besser so bezeichnen würde, sind Waffen des Angriffschwerpunktes[340]. Sie sollten, über den normalen Fortgang eines Angriffs hinaus, einen schnellen örtlichen Erfolg im Rahmen einer Armee oder eines Korps erzwingen. Sie werden für diesen Zweck mit der im Schwerpunkt angreifenden Jnf.Div. zu koppeln sein, im Gegensatz zu Panzerverbänden also nicht selbstständig operieren.

III. Die Sturmartillerie (gleichgültig, ob sie die Form des Kampfwagens trägt oder aus gepanzerten, mot. Geschützen besteht) ist dagegen eine Hilfswaffe der normalen Jnf.Div. Ihre Verwendung im Angriff entspricht der der Begleitbattren.[341] des letzten Krieges, also der Elite der leichten Artl. Um sie zugleich für andere Aufgaben, insbesondere in der Verteidigung, nutzbar machen zu können, ist die Forderung gestellt, dass auch eine Verwendung als Teil der Div. Artl.[342], also die Möglichkeit des indirekten Schiessens, wenigstens bis zu den Hauptkampfentfernungen (etwa 7 km) gegeben ist.
Schliesslich wird sie ein vorzügliches Mittel offensiver Kampfwagen-Abwehr sein und hierin vielleicht die Div.Tak-Abt.[343] ersetzen können.

---

[337] Schnelle Division, hier gibt es mehrere Möglichkeiten. Schnelle Divisionen als Kategorie für motorisierte und Panzer-Divisionen, ebenso könnte es sich um eine frühe Bezeichnung für die späteren leichten Divisionen gehandelt haben bzw. um eine noch nicht klar definierte motorisierte Division. Erwähnenswert ist hierbei auch, dass das österreichische Bundesheer 1935 eine Schnelle Division aufgestellt hatte.
[338] Fehlende schließende Klammer wie im Original.
[339] Vermutlich „auch" im Original handschriftlich markiert und nur „ch" klar lesbar.
[340] Siehe Glossar: Schwerpunkt.
[341] Begleitbatterien.
[342] Divisions-Artillerie.
[343] Divisions-Tankabwehrkanonen-Abteilung, Tankabwehrkanone wurde später durch die Bezeichnung Panzerabwehrkanone und schließlich durch Panzerjägerkanone ersetzt, obwohl letzteres weiterhin mit Pak abgekürzt wurde.

Die Sturmartillerie kämpft als Begleitartl.[344] im Rahmen der Jnfaterie. Sie attackiert nicht wie der Kampfwagen, sie bricht nicht durch[345], sondern sie trägt den Angriff der Jnfanterie dadurch vorwärts, dass sie im direkten Schuss die gefährlichsten Ziele schnell beseitigt. Sie kämpft nicht, wie der Kampfwagenverband in grossen Massen, sondern sie wird in der Regel zugweise[346] verwandt werden.

Der Zug oder auch das einzelne Geschütz tritt überraschend auf, um ebenso schnell wieder zu verschwinden, ehe es das Ziel der feindl. Artl. werden kann.

Panzer und Motor ermöglich der Sturmartl. das Kämpfen im Gefechtsraum der Jnf.[347] d.h. also das unmittelbare Zusammenwirken im richtigen Augenblick gegen die entscheidenden Ziele, das der Masse der weiter rückwärts stehenden Artl. versagt ist.

Das Geschütz muss befähigt sein, mit wenigen Schuss feindl. M.G. ausser Gefecht zu setzen. Ausserdem muss es in der Lage sein, feindl. Kampfwagen zu erledigen, denen es zwar in seiner Panzerung unterlegen, in seinen Sicht- und Schussmöglichkeit aber überlegen ist. Jede Jnf.Div.[348] wird über mindestens 1 Abt.[349] Sturm-Artl. zu 3 Bttr.[350] zu 6 Geschützen verfügen müssen. Es ist zu erwägen, dafür entweder eine normale leichte Artl.Abt.[351] oder die Div.PzAbw.Abt.[352] wegfallen zu lassen.

Aus Vorstehendem ergibt sich, dass die Sturmartl. taktisch nicht im Bereich der Kampfwagentruppe, sondern nur [im Rahmen?] der normale[353] Jnf.Div. ausgebildet werden kann. Eine reinliche Trennung

---

[344] Begleitartillerie.
[345] Siehe Glossar: Durchbruch als auch Einbruch.
[346] Siehe Glossar: Zug.
[347] Infanterie.
[348] Infanterie-Division.
[349] Abteilung, siehe Glossar: Abteilung.
[350] Batterien, siehe Glossar: Batterie.
[351] Artillerie-Abteilung. Eine reguläre Infanterie-Division verfügte über 3 leichte Artillerie-Abteilungen zu je 12 Geschützen. Siehe Scherzer, Veit: *Deutsche Truppen im Zweiten Weltkrieg. Band 1: Formationsgeschichte des Heeres und des Ersatzheeres 1939 bis 1945*, Teilband 1 A, Scherzers Militar-Verlag, Ranis / Jena, 2007, S. 50-55.
[352] Divisions-Panzerabwehr-Abteilung. Eine reguläre Infanterie-Division verfügte über eine Panzerabwehr-Abteilung mit 27 (1935) bzw. 36 Geschützen (ab 1937/38) Siehe Scherzer, Veit: *Deutsche Truppen im Zweiten Weltkrieg. Band 1: Formationsgeschichte des Heeres und des Ersatzheeres 1939 bis 1945*, Teilband 1 A, Scherzers Militar-Verlag, Ranis / Jena, 2007, S. 50-55.
[353] Wie im Original, das „e" war leicht abgeschnitten.

der beiden Waffen ist notwendig, wenn nicht beide nach falschen taktischen Grundsätzen arbeiten sollen.

Die Sturmartillerie wird artl.[354] im Verbande der Artl.[355] auszubilden sein, sie wird ihre Aufgaben als Begleitbattr.[356] im Rahmen der Jnf. zu erlernen haben.

<u>Antrag:</u> Um für Letzteres zunächst die taktischen Grundlagen zu gewinnen, wird beantragt beim Lehr Jnf.Btl.[357] eine behelfsmässige Battr. der Sturmartl. zu Versuchszwecken aufzustellen und zwar, um keine Zeit zu verlieren, zunächst auf dem Kommandowege.

Als erstes dürfte genügen, wenn die Battr. aus 6 Geschützen besteht, die durch Fahrgestelle der leichten Kampfwagen mit befehlsmässig eingebautem Holzgeschütz dargestellt werden, da es zunächst ja nur darauf ankommt, die Taktik dieser Sturmartillerie zu entwickeln.

vManstein[358]

---

[354] Artilleristisch.
[355] Artillerie.
[356] Begleitbatterie.
[357] Lehr Infanterie-Bataillon, vermutlich an der Infanterieschule in Döberitz.
[358] Mansteins Unterschrift, handschriftlich als ein Wort, vielen Dank an Roman Töppel für diesen Hinweis.

Antwort der 2. Abteilung des Generalstabes des Heeres auf Mansteins Denkschrift

2.Abteilung   den 16.6.1936
des Generalstabes des Heeres
Nr.910/36 g.Kdos.[359] (IIa).   4 Ausfertigungen

4. Ausfertigung.

Bezug: 1.Abt.Nr.898/36 g.Kdos. v.8.6.36.

    An
        1.Abt. = 1.Ausf.
        4.Abt. = 2. "
        8.Abt. = 3. "

1.) Den Gedanken über die technische Entwicklung des Sturmgeschützes und über seine taktische Verwendung wird im wesentlichen zugestimmt.

2.) Es erscheint aber notwendig, folgende Unterscheidungsmerkmale zur Div.Artillerie[360] hervorzuheben, um für die Entwicklung des Geschützes beim Waffenamt einfache und klare Forderungen zu stellen.

   a) Die Sturmartillerie hat die Aufgabe, die feindlichen M.G. aus ihren Stellungen im direkten Schuss herauszuschiessen. Diese Aufgabe löst sie im Bereich der Jnfanterie in der Regel auf Entfernungen bis höchstens 4 km.

   b) Sie ist damit <u>eine Waffe der Jnfanterie</u> und hat keinerlei Aufgaben der Div.Artillerie zu lösen. Es ist daher nicht nötig, dass das Geschütz bis 7 km und mit indirekten Richtmitteln feuern kann.

   c) Gleichzeitig muss die Sturmartillerie die Aufgaben des bereits in der Entwicklung begriffenen Panzerjägers[361] voll übernehmen können, sodass eine Doppelentwicklung in dieser Richtung vermieden wird.

3.) Gegen den vorgeschlagenen Versuch bestehen keine Bedenken.

---

[359] Geheime Kommandosache, zweit höchste militärische Geheimhaltungsstufe.
[360] Divisionsartillerie.
[361] Dies verweist wohl auf das Programm vom November 1934, welches in April 1935 zum Test von zwei Prototypen auf Halbkette führte. Siehe Doyle, Hilary L.; Jentz, Thomas L.: *Panzer Tracts No.7-1: Panzerjaeger (3.7 cm Tak to Pz.Sfl.Ic) development and employment from 1927 to 1941.* Panzer Tracts: Boyds, Maryland, USA, 2004, p. 7-19 – 7-27.

KAPITEL IV
Glossar & Bibliographie

Glossar

Abpraller: Bei Abprallern handelt es sich um Artilleriegeschosse, die vom Boden abprallen und in der Luft explodieren. Dies hat den Effekt, dass die Splitter- und Sprengwirkung verstärkt wird, da bei einer Explosion am Boden ein Teil der Wirkung von diesem absorbiert wird: „Zerspringt[362] das Geschoß im Augenblick des Aufschlagens, so können als wirksame Sprengstücke nur die nach der Seite fliegenden angesehen werden. Die nach unten fliegenden gehen in den Boden [...]."[363] Ein anderer Effekt ist, dass zum Teil geschützte Ziele dadurch getroffen werden können, zum Beispiel wenn das Geschoss über einem Schützengraben explodiert. Allerdings wird das Geschoss durch Auftreffwinkel, -geschwindigkeit, Bodenbeschaffenheit und andere Faktoren beeinflusst, was das Ergebnis sehr unzuverlässig macht.[364]

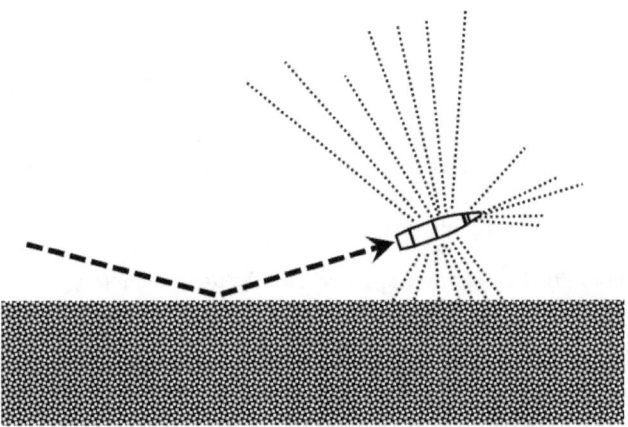

Abbildung 4: Seitenansicht der Wirkung eines Abprallers. (Illustration: Bernhard Kast)

Abteilung: Beim deutschen Heer wurden Einheiten auf der Ebene eines Bataillons, die Teil einer bestimmten Truppengattung waren (wie zum Beispiel Panzer, Artillerie oder Nachrichtentruppe) als „Abteilungen" bezeichnet. „Bataillon" wurde in erster Linie bei „infanterielastigen" Einheiten wie Pionier-,

---

[362] Explodiert.
[363] *H. Dv. 200/6: Ausbildungsvorschrift für die Artillerie: Heft 6: Schießvorschrift.* Neudruck mit den eingearbeiteten Deckblättern 1-116. Entwurf. Verlag E. S. Mittler & Sohn: Berlin, 1937, S. 61.
[364] Deutsch, Fr. W.: *Waffenlehre. Kurzgefaßtes Lehr- und Nachschlagebuch der neuzeitlichen Bewaffnung.* Zweite, völlig neubearbeitete und erweiterte Auflage. Verlag E. S. Mittler & Sohn: Berlin, 1939, S. 88.

Infanterie- und Maschinengewehrbataillone genutzt.[365] Siehe auch: Infanterie-Bataillon.

Der Begriff Abteilung wurde auch zum Teil als „allgemeiner Einheitsbegriff" der unabhängig von Größe und Gliederung war, so zum Beispiel beim Befehl „Abteilung halt".

Anschluss (Anschluß / Anschlußmann): Der Anschluss / Anschlussmann war bei der Infanterie üblicherweise ein Schütze, eine Gruppe oder Zug, welcher als Referenz für Abstände und Zwischenräume genommen wurde: „Der Anschluss soll bis zum Eintritt in den Infanteriekampf die Bewegungen der Truppenteile in Einklang bringen und den Zusammenhang sicherstellen. Im Kampf hat stets der am weitesten Vorgedrungene den Anschluss."[366] Dementsprechend ist anzunehmen, dass der Anschluss in diesem Kontext ein Sturmgeschütz oder eine Sturmgeschütz Einheit ist.

Bandenbekämpfung: In der deutschen Wehrmacht üblicher Begriff für Partisanenbekämpfung. Durchgeführt wurde sie von SS, Polizei, Wehrmacht sowie einheimischen Hilfstruppen. Sowohl die organisierten Massenmordaktionen des Holocaust, als auch organisierte oder spontane Massenmorde an Zivilisten wurden oft mit dem Partisanen- und Bandenbegriff fälschlicherweise „gerechtfertigt".

Im Merkblatt *Kampfanweisung für die Bandenbekämpfung im Osten* vom November 1942 ist der Begriff „Banden" wie folgt definiert:

„Die Banden sind ein bereits vor dem Kriege organisiertes und während des Krieges weitgehend ausgebautes, von uns jedoch nicht anerkanntes militärisches Kampfmittel des Gegners.

Sie setzen sich zusammen aus ehemaligen russ.[367] Truppen, die zum Bandenkrieg übergegangen sind, versprengten russ. Soldaten, Zwangsrekrutierten, den Teil der Bevölkerung, die durch Not zum Mitgehen mit

---

[365] Siehe zum Beispiel: Gesterding, Schwatlo; Feyerabend, Hans-Joachim: *Unteroffizierthemen. Ein Handbuch für den Unteroffizierunterricht. Fünfte, neubearbeite Auflage.* E. S. Mittler & Sohn: Berlin, 1938, S. 21.
[366] Kühlwein, Fritz: *Die Gruppe im Gefecht. (Die neue Gruppe).* E. S. Mittler & Sohn: Berlin, 1940, S. 7.
[367] Russischen, in der Wehrmacht wurde meist „russisch" statt „sowjetisch" / „sowjetrussisch" benutzt, eine Ausnahme war Fremde Heere Ost.

den Banden gezwungen sind, und minderwertigen, auf Plünderung ausgehenden Elementen."[368]

Hingegen wurde der Begriff im *Merkblatt 69/2: Bandenbekämpfung vom Mai 1944* sehr weit definiert, dort heißt es:

„Die Banden setzen sich zusammen aus:
- a) geringen Resten von Feind-Truppenteilen, die bei der Eroberung des Landes unvernichtet hinter unserer Front verblieben sind;
- b) Versprengten der Feindtruppe;
- c) durch die Front einzeln oder in kleinsten Verbänden durchgesickerten Feindkräften;
- d) luftgelandeten Feindkräften;
- e) entlaufenen Kriegsgefangenen;
- f) desertierten Hilfswilligen[369];
- g) Landeseinwohnern, die sich den Banden freiwillig anschließen;
- h) Landeseinwohnern, die durch Terror zum Eintritt in die Banden gezwungen werden."[370]

Darauf folgt folgender Absatz:

„Frauen befinden sich häufig in den Reihen der Banden, und zwar als Kämpferinnen mit der Waffe, als Helferinnen in der Versorgung und in der ärztlichen Betreuung und als Nachrichtenpersonal."[371]

Das Thema Partisanenkrieg ist sehr komplex, daher kann hier nicht ausführlich darauf eingegangen werden. Es gibt jedoch weiterführende Literatur zu dem Thema[372], so zum Beispiel *Wehrmacht im Ostkrieg* von Christian Hartmann. Er gibt auch eine grobe Einordnung der Verhältnisse wieder: „Allein Weißrussland,

---

[368] BArch, RW 4/1341: *Kampfanweisung für die Bandenbekämpfung im Osten*, 11.11.1942. OKW, 1942, S. 4.
[369] Siehe Glossar: Hilfswillige.
[370] BArch, RW 4/1342: *Merkblatt 69/2: Bandenbekämpfung (Gültig für alle Waffen) vom 6.5.1944.* OKW, 1944, S. 6.
[371] BArch, RW 4/1342: *Merkblatt 69/2: Bandenbekämpfung (Gültig für alle Waffen) vom 6.5.1944.* OKW, 1944, S. 6.
[372] Weiterführende Literatur zu diesem Thema: Hartmann, Christian; Hürter, Johannes; Jureit, Ulrike: *Verbrechen der Wehrmacht: Bilanz einer Debatte*. 2. Auflage, Beck: München, 2014. Müller, Rolf-Dieter; Volkmann, Hans-Erich: *Die Wehrmacht: Mythos und Realität*. Oldenbourg: München, Germany, 1999. Lieb, Peter: *Konventioneller Krieg oder NS-Weltanschauungskrieg? Kriegführung und Partisanenbekämpfung in Frankreich 1943/44*. Oldenbourg: München, 2007. Epkenhans, Michael; Zimmermann, John: *Die Wehrmacht - Krieg und Verbrechen*. Reclam: Ditzingen, 2019.

dem unbestrittenen Zentrum des Partisanenkrieges, sollen ihm 345 000 Menschen zum Opfer gefallen sein, in der gesamten Sowjetunion waren es wohl an die 500 000 Menschen. Wenn dagegen die Verluste der deutschen Besatzer und ihrer Verbündeten im Partisanenkrieg etwa mit einem Zehntel zu veranschlagen sind, so wird bereits an dieser Relation erkennbar, wie das Verhalten der beiden Seiten einzuschätzen ist und auch deren Schuld."[373] In der Praxis ermordeten SS, Polizei und Wehrmacht viele Zivilisten und löschten im Rahmen der Bandenbekämpfung ganze Ortschaften aus. Verbrechen diesen Ausmaßes gab es nicht nur in der Sowjetunion, sondern auch auf dem Balkan und in Italien sowie vereinzelt in Westeuropa.

Bataillon: Siehe Infanterie-Bataillon bzw. Abteilung.

Batterie: Einheit der Artillerie unterhalb der Abteilung bzw. Bataillons und oberhalb des Zuges. Bei anderen Waffengattungen üblicherweise als Kompanie bezeichnet, bei wenigen auch als Schwadron (Kavallerie). Siehe auch: Einführung ausgewählter Grundbegriffe bzw. Kompanie.

Batteriechef (Kompaniechef): Beim der Dienststellenbezeichnung Batterie- bzw. Kompaniechef kam es im Lauf der Zeit zu Änderungen in der Definition. Viel wichtiger ist allerdings, dass diese Begriffe bzw. vor allem ihre verwandten Begriffe wie Batterie- und Kompanieführer nicht immer korrekt bzw. einheitlich benutzt worden sind. Ein Blick auf die Definition im Marineverordnungsblatt von 1938 legt auch nahe, wieso dies höchstwahrscheinlich der Fall ist:

„530. Dienststellenbezeichnung für den Führer einer Kompanie.

1. Die Dienststellenbezeichnung für den Führer einer Kompanie ist:

,Kompaniechef'

2. Der stellvertretende Kompanieführer führt die Dienststellenbezeichnung:

,Kompanieführer'.
(V. Nr. 6477. MWehr. la. v. 10. 8. 38.)"[374]

In 1942 wurden die Begriffe genauer ausgeführt, und zwar wie folgt:

„587. Dienststellenbezeichnung für den Führer einer Kompanie oder Batterie.

---

[373] Hartmann, Christian: *Wehrmacht im Ostkrieg. Front und militärisches Hinterland 1941/42.* De Gruyter Oldenbourg: München, 2010, S. 762.
[374] Oberkommando der Kriegsmarine: *Marineverordnungsblatt.* 69. Jahrgang. Heft 23. 1. September 1938. E. S. Mittler & Sohn: Berlin, 1938, S. 409.

1. Planmäßig kommandierte Führer einer Kompanie oder Batterie führen die Dienststellungbezeichnung

Kompanie- bzw. Batteriechef.

2. Fällt der Kompanie- bzw. Batteriechef durch Tod oder Verwundung aus, so übernimmt der dienstälteste Soldat die Führung der Kompanie bzw. Batterie. Er ist dann

Kompanie- bzw. Batterieführer.

3. Wird der Kompanie- bzw. Batteriechef während eines Urlaubs, vorübergehender Krankheit usw. vertreten, so führt er gemäß Abteilungsbefehl bestellte Vertreter die Dienststellenbezeichnung: Vertreter des Kompanie- bzw. Batteriechefs. Er vollzieht als Kompanie- bzw. Batteriechef i. V.[375]

Verfügung MWehr. Ia. Nr. 6477 vom 10. 8. 38, veröffentlich im M. V. Bl. 1938 Seite 409 Nr. 530, wird aufgehoben. M. V. Bl. ist mit Hinweis zu versehen.
(AMA/MWehr. IIb. Nr. 23.6.42.)"[376]

In der *H. Dv. 200/2m: Die Sturmgeschützbatterie* von September 1942 wird in erster Linie Batteriechef benutzt. Dies ist im Gegensatz zu den *Merkblättern für Artillerie Nr. 34. Richtlinien für den Einsatz der Sturmgeschütz-Einheiten* vom April 1942, darin wird nur Batterieführer benutzt, jedoch geht aus dem Kontext klar hervor, dass hier nicht der Stellvertreter, sondern der Batteriechef gemeint ist. Ebenso in der *H. Dv. 470/7: Die mittlere Panzerkompanie* vom Mai 1941, hier wird nur Kompanieführer benutzt, Kompaniechef taucht kein einziges Mal auf. Die Verwendung scheint hier im Sinne von „Führer der Kompanie/Batterie" zu sein, ohne den korrekten Begriff dafür zu nutzen.

Batterieführer (Kompanieführer): Siehe Batteriechef (Kompaniechef).

Batteriestern: Siehe Stern (Funk).

Bodenzünder: Bodenzünder ist ein Zünder, der sich im Boden – also dem hinteren / unteren Teil – eines Geschosses befindet, dies verhindert eine Beschädigung des Zünders beim Auftreffen. Sie wurden in erster Linie für panzerbrechende Geschosse eingesetzt. Dipl.-Ing. Deutsch schrieb dazu in seinem Buch Waffenlehre von 1939: „Bodenzünder werden angewandt bei solchen Geschoßarten, die hauptsächlich gegen widerstandsfähige Ziele wirken

---

[375] In Vertretung.
[376] Oberkommando der Kriegsmarine: *Marineverordnungsblatt.* 73. Jahrgang. Heft 26. 15. Juli 1942. E. S. Mittler & Sohn: Berlin, 1942, S. 695-696.

sollen, also zur Bekämpfung von Panzerfahrzeugen (Gr. m V. [Granate mit Verzögerung]) oder von Zielen unter Panzer- oder Betonschutz. Die Zünder der Geschosse der schweren Artillerie sind zum Teil mit ein oder zwei einstellbaren Verzögerungen versehen, Einstellung je nach dem Verwendungszweck, so daß die Zündung erst erfolgt, wenn das Geschoß ins Ziel eingedrungen ist."[377]

Doppelglas / Doppelfernrohr: Hierbei handelte es sich um ein Fernglas mit zwei Optiken. Dieses scheint standardisiert gewesen zu sein, da mehrere Quellen schreiben, dass das Doppelglas über eine 6-fache Vergrößerung verfügte: „Das Doppelglas ist mit seiner 6 fachen Vergrößerung ein wertvolles Beobachtungsmittel."[378] Des Weiteren verfügte es über eine Strichplatte, welches ein ungefähres Messen der Seiten- und Höhenwinkel erlaubte. Eine andere bzw. genauere Bezeichnung war „Doppelfernrohr 6 x 30", ebenso verwendet wurde „Dienstglas 6 x 30" wie auf Abbildung 5 ersichtlich.[379]

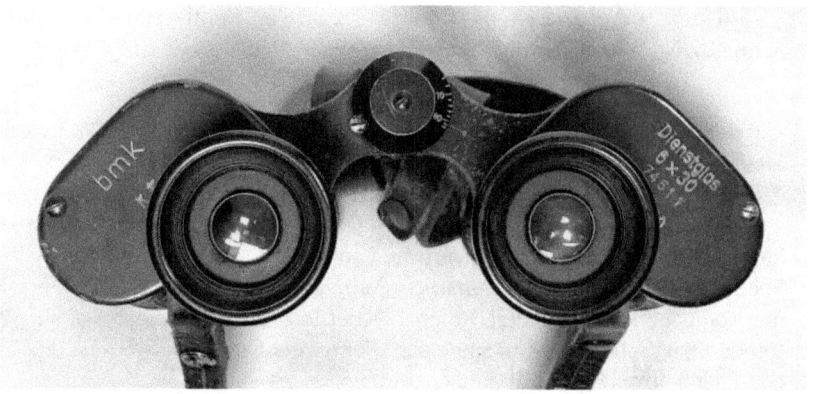

Abbildung 5: Dienstglas 6 x 30. Forum Wehrgeschichte Oberösterreich. (Foto: Bernhard Kast)

---

[377] Deutsch, Fr. W.: *Waffenlehre. Kurzgefaßtes Lehr- und Nachschlagebuch der neuzeitlichen Bewaffnung.* Zweite, völlig neubearbeitete und erweiterte Auflage. Verlag E. S. Mittler & Sohn: Berlin, 1939, S. 84.
[378] von Ordarza: *Taschenbuch der leichten Artillerie (früher „Leichte Artillerie-Fibel").* 10. Auflage, Verlag „Offene Worte": Berlin, 1939, S. 53.
[379] Berlin, Hugo: *Der Artillerist I. Der Kanonier.* Verlag „Offene Worte": Berlin, o.J., S. 237.

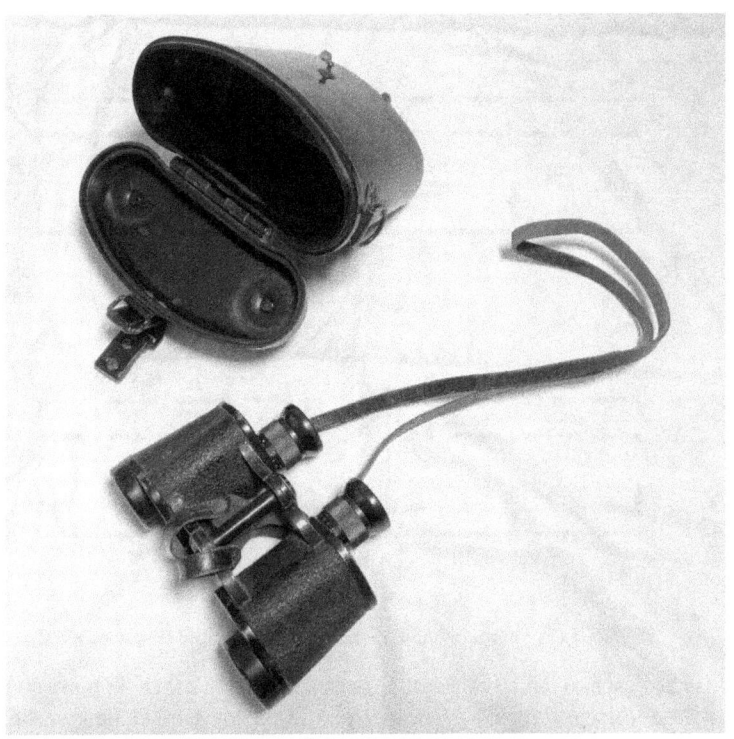

Abbildung 6: Dienstglas 6 x 30. Forum Wehrgeschichte Oberösterreich. (Foto: Bernhard Kast)

Durchbruch: Der Durchbruch ist die Fortführung des Einbruchs. Ziel ist es, den Zusammenhang der feindlichen Front zu brechen. Hierbei ist es wichtig bei der Durchbruchsstelle die jeweiligen Frontenden zu umfassen.[380] Siehe Abbildung 7: Einbruch und Durchbruch.

Einbruch: Der Einbruch ist das Ergebnis eines gelungenen Angriffs, der in die vorderste Stellung des Feindes eingedrungen ist.[381] Siehe Abbildung 7: Einbruch und Durchbruch.

---

[380] Kühlwein, Fritz: *Die Gruppe im Gefecht. (Die neue Gruppe)*. E. S. Mittler & Sohn: Berlin, 1940, S. 8.
[381] Kühlwein, Fritz: *Die Gruppe im Gefecht. (Die neue Gruppe)*. E. S. Mittler & Sohn: Berlin, 1940, S. 8.

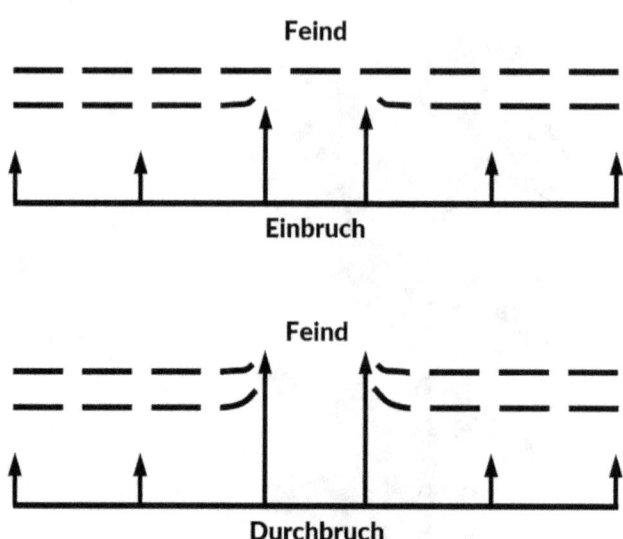

Abbildung 7: Einbruch und Durchbruch. (Illustration: Bernhard Kast)

Einsatz, geschlossen: Der Begriff „geschlossener Einsatz" kommt häufig in deutschen Vorschriften des Zweiten Weltkrieges vor. Eine Einheit geschlossen einzusetzen, bedeutet ihre kämpfenden Elemente gemeinsam einzusetzen, siehe folgende Beispiele für Infanterie (1944) und Panzer (1941 und 1943):

„In der Regel ist der M.P.-Zug geschlossen einzusetzen. Der Einsatz der einzelnen M.P.-Gruppen bildet die Ausnahme."[382]

„Die mittlere Panzerkompanie bildet mit ihren 14 Kampfwagenkanonen (7,5 cm) das Rückgrat der Panzerabteilung. Diese starke Feuerkraft gilt es – im allgemeinen durch geschlossenen Einsatz – schnell an entscheidender Stelle zu vernichtender Wirkung zu bringen."[383]

---

[382] BArch, RH 11-I/83: Merkblatt 25a/16: Vorläufiges Merkblatt „Der M.P.-Zug der Grenadier-Kompanie", 1.2.1944, S. 15.
[383] H. Dv. 470/7: Ausbildungsvorschrift für die Panzertruppe. Heft 7: Die mittlere Panzerkompanie. Reichsdruckerei, Berlin, 1. Mai 1941, S. 5.

„Der geschlossene Einsatz [im Wald und im Gebirge] der Kompanie bildet die Ausnahme. In der Regel werden Halbzüge oder einzelne Wagen die angreifenden Schützen beim Vorgehen unterstützen."[384]

„In der Verteidigung halte die Wagen gedeckt und mindestens zugweise geschlossen zusammen, damit sie vom Fahrer und Bordschützen besetzt, wirksam zum Gegenstoss [sic!] antreten können."[385]

Aber auch in Befehlen vom Oberkommandos der Wehrmacht (OKW) wurde dieser Begriff verwendet:

„Für den diesen Einsatz gelten dabei folgende Richtlinien:

a) Die Luftwaffen-Feldbrigaden sind geschlossen einzusetzen. Ein Zerreißen der Verbände hat zu unterbleiben."[386]

Entfaltung: Die Entfaltung dient dazu die Gefechtsbereitschaft zu erhöhen. Dementsprechend findet sie statt, wenn damit gerechnet werden muss, dass es zu einem Zusammenstoß mit dem Feind kommt. Die Entfaltung ist die Umgliederung von der Marschkolonne in mehrere Kolonnen, die eine breitere Front bilden. Dementsprechend führt die Entfaltung zu einer Verlangsamung der entfaltenden Einheiten. Ebenso wird die für den Kampf nötige Tiefengliederung vorbereitet. Der Entfaltung folgt die Entwicklung.[387]

Entwicklung: Die Entwicklung folgt üblicherweise auf die Entfaltung. Dabei werden die Einheiten weiter aufgegliedert, um sich für den Kampf vorzubereiten. Die Entwicklung kann auch direkt aus der Marschkolonne heraus erfolgen, wenn keine Zeit zur Entfaltung ist.[388]

Ersatzheer: Aufgabe des Ersatzheeres war es für das Feldheer personellen und materiellen Ersatz zur Verfügung zu stellen. Dementsprechend waren die Aufgaben die Bereitstellung und Ausbildung von Soldaten, als auch die Beschaffung und Bereitstellung von Material. Zusätzlich war es auch ihre

---

[384] H. Dv. 470/7: *Die mittlere Panzerkompanie*, S. 68.
[385] TsAMO, F 500, Op. 12480, D 137: *Nachrichtenblatt der Panzertruppen. Nr. 1*, 15. Juli 1943, S. 10.
[386] Schramm, Percy E. (Hrsg.): *Kriegstagebuch des OKW. Eine Dokumentation: 1942. Band 4. Teilband 2.* Bechtermünz: Augsburg, 2005, S. 1299. Anlage 24: Führerbefehl vom 13. September 1942 betr. Ablösung abgekämpfter Divisionen aus dem Osten.
[387] Kühlwein, Fritz: *Die Gruppe im Gefecht. (Die neue Gruppe).* E. S. Mittler & Sohn: Berlin, 1940, S. 8; sowie *H. Dv. 300/1: Truppenführung I. Teil.* E. S. Mittler & Sohn: Berlin, 1936 (1933), S. 95-96.
[388] Kühlwein, Fritz: *Die Gruppe im Gefecht. (Die neue Gruppe).* E. S. Mittler & Sohn: Berlin, 1940, S. 8.

Aufgabe das Heimatgebiet zu sichern. Dementsprechend setzte sich das Ersatzheer aus vier Hauptteilen zusammen 1) den Kommandobehörden und Verwaltungsdienststellen, 2) Wachtruppen, 3) Ersatztruppen und 4) Schulen, Lehr- und Versuchstruppen.[389]

Feuerkraft: „Feuerkraft bezeichnete dabei die durch die Feuerwaffen erzielbare Wirkung, also das Verwunden und Töten von gegnerischen Soldaten, aber auch den dadurch erzielten Effekt sie in Deckung zu zwingen (Feuerüberlegenheit)."[390] Siehe auch Stoßkraft.

Flügel: Der Flügel ist ein Teil einer Truppenfront, diese teilt sich in linker Flügel, Mitte und rechter Flügel (siehe Abbildung 8). Der Flügel darf nicht mit der Flanke verwechselt werden, dabei handelt es sich um die Seite einer Truppenmacht.[391] Dementsprechend wurde auch zwischen Frontal-, Flügel- und Flankenangriff unterschieden (siehe Abbildung 9).[392]

Eine zeitgenössische Quelle definiert die Begriffe wie folgt: „Flügel ist ein Teil der Front, ihr rechtes oder linkes Ende, Flanke ist ‚der tiefe Raum hinter dem Flügel'."[393]

Abbildung 8: Flügel (Illustration: Bernhard Kast)

---

[389] Mueller-Hillebrand, Burkhart: *Das Deutsche Heer 1933-1945. Band I.* E. S. Mittler & Sohn: Frankfurt am Main, 1954, S. 80-83.
[390] Raths, Ralf: *Vom Massensturm zur Stoßtrupptaktik. Die deutsche Landkriegstaktik im Spiegel von Dienstvorschriften und Publizistik 1906 bis 1918.* Zentrum für Militärgeschichte und Sozialwissenschaften der Bundeswehr: Potsdam, 2019, S. 31.
[391] Franke, Hermann: *Handbuch der neuzeitlichen Wehrwissenschaften. Erster Band: Weltpolitik und Kriegführung.* Verlag von Walter de Gruyter & Co.: Berlin und Leipzig, 1936, S. 84.
[392] Kühlwein, Fritz: *Die Gruppe im Gefecht. (Die neue Gruppe).* E. S. Mittler & Sohn: Berlin, 1940, S. 9.
[393] BArch, RH 17/809: Schule VII: *Taktische Grundbegriffe*, August 1944, S. 2.

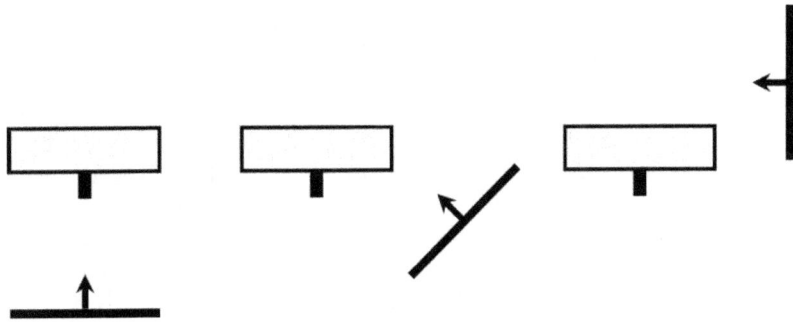

Abbildung 9: Frontal-, Flügel- und Flankenangriff (Illustration: Bernhard Kast)

Führung, höhere: In dem deutschen Heer wurde zwischen der oberen bzw. höheren und der unteren Führung unterschieden. In der maßgeblichen H. Dv. 300: *Truppenführung* heißt es wie folgt: „Die Führung gliedert sich in obere und untere Führung. Die obere Führung umfaßt die Verbände bis einschließlich Infanterie- und Kavalleriedivision, die unteren alle kleineren Verbände."[394] Ebenso schreibt von Witzleben in der *Taktikfibel*: „Die Führung bis zur Division einschl. heißt die obere, die vom Regiment an abwärts die untere Führung."[395] Interessant bei diesem Zitat ist, dass die Brigade welche die Ebene zwischen Division und Regiment ist, nicht erwähnt wird.

Gegenangriff: „Gegenangriff ist ein planmäßig mit Art.-[396] usw. Unterstützung eingehend vorbereiteter Angriff stärkerer rückwärts liegender Reserven."[397] Ergänzend dazu ein Auszug aus der zentralen Vorschriftenreihe für die Infanterie von 1945: „Hat sich der Feind bereits im H.K.F. [Hauptkampffeld] eingerichtet, so ist er nur im sorgfältig vorbereiteten Gegenangriff zu werfen."[398] Der Unterschied zum Gegenstoß wird dabei nochmal klar hervorgehoben: „Der Gegenangriff darf nicht überhastet werden. Er ist erst durchzuführen, wenn die

---

[394] H. Dv. 300/1: *Truppenführung (T.F.) I. Teil. Abschnitt I – XIII.* Verlag Mittler & Sohn: Berlin, 1936, S. 8.
[395] v. Witzleben: *Kurzer Abriß der Taktik.* 2. verbesserte Auflage der „Taktikfibel". Verlag „Offene Worte": Berlin W 35, 1940/41, S. 23.
[396] Artillerie.
[397] Kühlwein, Fritz: *Die Gruppe im Gefecht. (Die neue Gruppe).* E. S. Mittler & Sohn: Berlin, 1940, S. 11.
[398] BArch, RH 1/1217: *H. Dv. 130/20: Ausbildungsvorschrift für die Infanterie. Heft 20. Die Führung des Grenadier-Regiments.* Vom 21. 3. 1945. Verlage „Offene Worte": Berlin, 1945, S. 95.

Feuerunterstützung sichergestellt ist oder die zugesagten Sturmgeschütze oder Panzer eingetroffen sind."[399]

Gegenstoß: „Gegenstoß ist der sofort beim Eindringen des Angreifers angesetzte Stoß der dicht hinter der H.K.L. [Hauptkampflinie] bereit gehaltenen örtlichen Reserven des Verteidigers, um den in die H.K.L. eingedrungenen Angreifer in sofortigem Draufgehen wieder über die H.K.L. zu werfen."[400] Ergänzend dazu ein Auszug aus der zentralen Vorschriftenreihe für die Infanterie von 1945: „Der Gegenstoß muß den Feind noch in der Bewegung treffen. Es kommt nicht auf die Anzahl, sondern auf die Umsicht, Tatkraft und Schnelligkeit der Kämpfer an. Der Gegenstoß ist mit allen verfügbaren Waffen zu unterstützen."[401]

Geländetaufe: Bezeichnet das Verfahren in welchem bestimmte markante Punkte im Gelände Namen erhalten. So wurden zum Beispiel Waldstücke, Höhen, Ortschaften, etc. mit Namen versehen.

General der Artillerie: Dies war sowohl ein Dienstrang als auch eine verkürzte Bezeichnung für eine Dienststellung. Die vollständige Bezeichnung der Dienststellung war General der Artillerie beim Oberbefehlshaber des Heeres. Der General der Artillerie beim Oberbefehlshaber des Heeres wurde im Oktober 1939 mit anderen Waffengeneralen beim Oberbefehlshaber des Heeres nach dem Polenfeldzug aufgestellt.[402] Im Verlauf des Krieges wurden seine Aufgaben erweitert und die Strukturen angepasst. Bei einer solchen Umstellung im Herbst 1944 wurde diese Bezeichnung in General der Artillerie im Oberkommando des Heeres (OKH) verändert.[403]

Aus der Dienstanweisung für die Waffengenerale im OKH: „1. Die Waffengenerale im O.K.H. sind die höchsten Waffenvorgesetzten ihrer Waffe und alleinigen Vertreter ihrer Belange im Oberkommando des Heeres."[404] Es sei

---

[399] BArch, RH 1/1217: *H.Dv. 130/20: Ausbildungsvorschrift für die Infanterie. Heft 20. Die Führung des Grenadier-Regiments*, S. 94.
[400] Kühlwein, Fritz: *Die Gruppe im Gefecht. (Die neue Gruppe).* E. S. Mittler & Sohn: Berlin, 1940, S. 11.
[401] BArch, RH 1/1217: *H.Dv. 130/20: Ausbildungsvorschrift für die Infanterie. Heft 20. Die Führung des Grenadier-Regiments*, S. 92.
[402] Mueller-Hillebrand, Burkhart: *Das Deutsche Heer 1933-1945. Band II.* E. S. Mittler & Sohn: Frankfurt am Main, 1956, S. 96.
[403] Mueller-Hillebrand, Burkhart: *Das Deutsche Heer 1933-1945. Band III.* E. S. Mittler & Sohn: Frankfurt am Main, 1969, S. 193-194.
[404] *Allgemeine Heeresmitteilungen. 11. Jahrgang, 27. Ausgabe. 7. Dezember 1944.* Berlin, 1944, S. 357.

angemerkt, dass eine solche Doppeldeutigkeit von Dienstrang und Dienststellung in der Wehrmacht keine Besonderheit war.

Gepäcktross (Gepäcktroß): Beim Gepäcktross befand sich all das Gepäck, welches die kämpfende Truppe nicht unbedingt zum Marsch und Gefecht benötigte. Dementsprechend sollte sich etwa 75 % des Gepäcks der Truppe beim Gepäcktross befinden während die Mannschaften den restliche Teil als Marschgepäck selbst transportierten. Typisch für den Gepäcktross waren der Transport von zusätzlicher Kleidung und Vorräte für die Truppe.[405]

Hauptfeldwebel / Hauptwachtmeister: Oft auch „Spieß" oder „Mutter der Kompanie / Batterie" genannt. Hauptfeldwebel / Hauptwachtmeister war jedoch kein militärischer Rang an sich, sondern ein Dienstposten. Das Aufgabengebiet des Hauptfeldwebels / Hauptwachtmeisters war der rückwärtige Bereich. Er kümmerte sich vor allem, um die Versorgung, wie Arbeit der Trosse, Schreibdienste etc. Er war verantwortlich für alle Aufgaben, die nicht direkt mit dem Kampf zu tun hatten[406]. Die Ränge Feldwebel und Wachtmeister waren äquivalent, jedoch wurden sie für verschiedene Waffengattungen benutzt. Wachtmeister wurde zum Beispiel bei der Artillerie und Kavallerie verwendet.

Hauptkampffeld (HKF): Eine Verteidigungsstellung bestand aus drei Teilen: den Gefechtsvorposten, den vorgeschobenen Stellungen und dem Hauptkampffeld.[407] Das Hauptkampffeld ist dabei der wichtigste Teil der Stellung.

Hauptkampflinie (HKL): Die vorderste Linie des Hauptkampffeldes war die Hauptkampflinie (HKL).[408] Diese wurde von den Truppenführern gemessen der geografischen Lage aufgestellt und definierte so den Rand der zu verteidigenden Zone. So beschrieb Kühlwein die Hauptkampflinie als „[...] eine Linie, durch die der Truppenführer den Zusammenhang der Verteidigung sicherstellt und eindeutig das Gelände bezeichnet, das festgehalten werden soll. Sie ist der vorderste Rand des Hauptkampffeldes in der Verteidigung. Vor ihr soll der Angriff des Feindes im zusammengefaßten Feuer aller Waffen spätestens

---

[405] Bieringer, Ludwig: *Nachschubfibel. Zweite verbesserte Auflage.* Verlag „Offene Worte", Berlin, 1938, S. 23.
[406] Buchner, Alex: Das Handbuch der deutschen Infanterie 1939-1945. Podzun-Pallas: Friedberg, 1987. S. 18-19.
[407] *H. Dv. 300/1: Truppenführung (T.F.) I. Teil. Abschnitt I - XIII.* Verlag Mittler & Sohn: Berlin, 1936, S. 179.
[408] *H. Dv. 300/1: Truppenführung (T.F.) I. Teil. Abschnitt I - XIII.* Verlag Mittler & Sohn: Berlin, 1936, S. 182.

zusammenbrechen bzw. sie soll nach Abschluß des Kampfes vom Verteidiger wieder in Besitz genommen sein."[409] Die Hauptkampflinie war daher in der Verteidigung von zentraler Bedeutung.

Heer: Das Heer war, neben der Luftwaffe und Kriegsmarine, eine der drei Teilstreitkräfte der Wehrmacht. Oft wird das Heer jedoch mit der Wehrmacht verwechselt. Die Wehrmacht hingegen war die gesamte Streitkraft die sich wiederrum in Heer, Luftwaffe und Kriegsmarine gliederte.

Heerestruppen: Heerestruppen unterstanden dem Oberkommando des Heeres und wurden bei Bedarf zeitweise (Groß)Verbänden für bestimmte Aufgaben unterstellt. Sie umfassten sowohl rückwärtige Dienste als auch Kampfeinheiten.[410]

Infanterie-Bataillon: Ein Infanterie-Bataillon setzte sich zu Kriegsbeginn zusammen aus: Stab, 3 Schützenkompanien und 1 Maschinengewehrkompanie mit Granatwerferzug (8 cm). Die Sollstärke lag in 1939 bei einer Infanterie-Division der ersten Welle bei 820 Mann.[411] Bei der Gliederung der Infanterie-Division 44 wurde beim Grenadier-Bataillon (ehemals Infanterie-Bataillon) ein Granatwerferzug (12 cm) zur schweren Kompanie (ehemals MG-Kompanie) hinzugefügt. Jedoch reduzierte sich die Sollstärke des Bataillons auf 708 Mann, wobei davon aber 98 Mann Hilfswillige[412] waren, dementsprechend hatte sich die Sollstärke an deutschem Personal auf 610 Mann reduziert.[413] Siehe auch: Abteilung.

Infanterie-Regiment / Grenadier-Regiment[414]: Ein Infanterie-Regiment setzte sich zu Kriegsbeginn zusammen aus: Stab, 3 Infanterie-Bataillonen, 1

---

[409] Kühlwein, Fritz: *Die Gruppe im Gefecht. (Die neue Gruppe)*. E. S. Mittler & Sohn: Berlin, 1940, S. 12.

[410] Mueller-Hillebrand, Burkhart: *Das Deutsche Heer 1933-1945. Band I. Das Heer bis zum Kriegsbeginn*. E. S. Mittler & Sohn: Frankfurt am Main, 1954, S. 75.

[411] BArch, RH 2/3565, Oberkommando des Heeres/Generalstab des Heeres/Organisationsabteilung, Besondere Anlage 2A zum Mob. Plan (Heer).- Zahlenangaben Teil 1: Kopfzahlen - Soll an Tieren, Fahrzeugen, Kraftfahrzeugen, gültig vom 1. März 1939 - 31. März 1940, Bl. 16.

[412] Hilfswillige auch kurz „Hiwis" genannt waren Personen, die aus der Bevölkerung von besetzten Gebieten meist der Sowjetunion (zwangs)rekrutiert wurden. Sie erfüllten normalerweise keine Kampfaufgaben.

[413] Scherzer, Veit: *Deutsche Truppen im Zweiten Weltkrieg. Band 1: Formationsgeschichte des Heeres und des Ersatzheeres 1939 bis 1945*, Teilband 1 A, Scherzers Militaer-Verlag, Ranis / Jena, 2007, S. 269, 274.

[414] Ab November 1942 Grenadier-Regiment, siehe *Allgemeine Heeresmitteilungen. 9. Jahrgang, 25. Ausgabe*. 7. November 1942. Berlin, 1942, S. 506.

Infanteriegeschütz-Kompanie, 1 Panzerabwehr-Kompanie und 1 leichten Infanterie-Kolonne. Die Sollstärke lag in 1939 bei einem Infanterie-Regiment einer Infanterie-Division der ersten Welle lag bei 3060 Mann.[415] Das Grenadier-Regiment (ehemals Infanterie-Regiment) der Infanterie-Division 44 hatte eine Sollstärke von 1987 Mann, wovon allerdings 268 Mann Hilfswillige[416] waren, dementsprechend hatte sich die Sollstärke an deutschem Personal auf 1719 Mann reduziert.[417] Das Regiment umfasste jetzt auch nurmehr 2 statt 3 Bataillone.

Kanonier: Niedrigster Rang in der Waffengattung Artillerie, bei der Infanterie Schütze, bei der Panzertruppe Panzerschütze, bei der Kavallerie Reiter.[418]

Kompanie: Einheit unterhalb des Bataillons bzw. Abteilung und oberhalb des Zuges. Bei der Artillerie hieß eine Einheit auf Kompanie-Ebene Batterie. Eine Infanteriekompanie hatte in 1941 eine Sollstärke von zirka 200 Mann. 1941 war die Sollstärke für eine mittlere Panzerkompanie 19 Panzer, bei der leichten Kompanie waren es 22 Panzer. Siehe auch: Batterie und Einführung.

Koordinatenschlüssel: Ein Koordinatenschlüssel wurde benutzt, um Koordinaten vor der Durchgabe zu verschlüsseln.

Krad / Kraftrad: Krad ist die Kurzform von Kraftrad, einer älteren Bezeichnung für Motorrad. Laut *H. Dv. 471: Handbuch für Kraftfahrer* wurde das Kraftrad in der Wehrmacht wie folgt beschrieben: „Nach der neuen Straßenverkehrs-Zulassungsordnung (StVZO.) vom 13. 11. 1937 gelten als Kraftfahrzeuge der Klasse 1 (Krafträder) alle durch Maschinenkraft angetriebenen, nicht an Gleise gebundenen Zweiräder mit über 250 ccm Hubraum, auch solche mit Beiwagen.

---

[415] BArch, RH 2/3565, Oberkommando des Heeres/Generalstab des Heeres/Organisationsabteilung, Besondere Anlage 2A zum Mob. Plan (Heer).- Zahlenangaben Teil 1: Kopfzahlen - Soll an Tieren, Fahrzeugen, Kraftfahrzeugen, gültig vom 1. März 1939 - 31. März 1940, Bl. 16.
[416] Hilfswillige auch kurz „Hiwis" genannt waren Personen, die aus der Bevölkerung von besetzten Gebieten meist der Sowjetunion (zwangs)rekrutiert wurden. Sie erfüllten normalerweise keine Kampfaufgaben.
[417] BArch, RH 11-III/33, *Grund- und Mustergliederungen der Hauptarten der fechtenden Truppen, mit handschriftlichen Ergänzungen zu den Pioniereinheiten*, Bl. 20.
[418] Gesterding, Schwatlo; Feyerabend: *Unteroffizierthemen. Ein Handbuch für den Unteroffizierunterricht*. Fünfte, neubearbeite Auflage. E. S. Mittler & Sohn: Berlin, 1938, S. 36-37.

Die neugeschaffene Klasse 4 enthält die Krafträder unter 250 ccm Hubraum (bisher ,Kleinstkrafträder')."[419]

Kriegsausrüstungsnachweisung (KAN): Kriegsausrüstungsnachweisungen waren eine genaue Auflistung von Ausrüstungsgegenständen, Waffen und Munition, welche für eine Einheit genehmigt waren.[420] Im Gegensatz zu Kriegsstärkenachweisungen enthielten sie keine Angaben zu Personal. Siehe auch Kriegsstärkenachweisung.

Kriegsstärkenachweisung (KStN): Eine Kriegsstärkenachweisung war eine Tabelle mit Angaben zu Personal, Waffen-, Tier- und Fahrzeugausstattung.[421] In den Zeilen wurden die Teileinheiten, als auch Rollen aufgelistet, zum Beispiel Gruppe Führer, in der Zeile darunter der Kompanieführer. Die Spalten waren Offiziere, Beamte, Unteroffiziere und Mannschaften, gefolgt von den Waffen und Fahrzeugen, welche je nach Truppenteil variierten. Wenn eine neue Kriegsstärkenachweisung eingeführt wurde, sollte die alte KStN vernichtet werden. Durch die Zerstörung des Militärarchivs in Potsdam in 1945 wurden viele alte Kriegsstärkenachweisungen vernichtet.[422]

Eine Kriegsstärkenachweisung wurde üblicherweise anhand einer Zahlen- und Zeichenkombination identifiziert und hatte auch ein Datum. Dieses Datum stimmte nicht unbedingt mit dem Veröffentlichungsdatum der Kriegsstärkenachweisung überein, sie konnte sowohl vor als nach dem Datum verteilt werden.[423] Ebenso wenig entsprachen die Angaben der Kriegsstärkenachweisungen den Ist-Stärken, es handelte sich dabei um Soll-Stärken.

Ladung, geballte: Als geballte Ladungen wurden mindestens zwei verschiedenen Kampfmittel bezeichnet. Eines war eine Stielhandgranate, um deren Sprengkopf („Topf") mehrere (um die 6) andere Sprengköpfe von anderen

---

[419] H. Dv. 471: Handbuch für Kraftfahrer. Achte, völlig neubearbeitete Auflage. Unveränderter Nachdruck 1942. E. S. Mittler & Sohn, Berlin, 1939, S. 241.
[420] Jentz, Thomas L.: Panzertruppen 1 – The Complete Guide to the Creation & Combat Employment of Germany's Tank Force – 1933-1942. Schiffer Military History: Atglen, USA, 1996, p. 48.
[421] Müller-Hillebrand, Burkhart, Das Heer 1933-1945. Entwicklung des organisatorischen Aufbaues. Band 1: Das Heer bis zum Kriegsbeginn, Frankfurt am Main 1954, S. 55
[422] Niehorster, Leo W.G., German World War II Organizational Series. Volume 1/I: Mechanized Army Divisions and Waffen-SS Units (1.09.1939), Milton Keynes, 2007, p. 4.
[423] Niehorster, Leo W.G., German World War II Organizational Series. Volume 1/I: Mechanized Army Divisions and Waffen-SS Units (1.09.1939), Milton Keynes, 2007, p. 4.

Stielhandgranaten gebunden waren.[424] Eine gepresste Sprengladung aus 3 kg Sprengstoff wurde ebenso als geballte Ladung bezeichnet.[425]

Lauerstellung: Die Lauerstellung ist eine von drei Stellungen der Artillerie, die beiden anderen sind die Bereit- und Feuerstellung. Die Lauerstellung ist zwischen den beiden anderen anzusiedeln.[426] Die höchste Bereitschaft ist die Feuerstellung, wo die Batterie sofort das Feuer eröffnen kann. In der Lauerstellung ist die Batterie zwar abgeprotzt, aber nur bedingt feuerbereit. Im Gegensatz zur Bereitstellung, wo die Batterie noch aufgeprotzt ist. So schreibt Kruse im *Artilleristischen Ratgeber* von 1942: „Abgeprotzte Aufstellung einer Batterie in der Feuerstellung mit vorbehaltener Feuereröffnung."[427] Ähnlich schreibt es eine Quelle von 1944, wo explizit hervorgehoben wird, dass die Artillerie in Lauerstellung „nicht sofort" schießen kann.[428]

Allerdings widerspricht dies zum Teil der Formulierung von Fritz Kühlwein: „Lauerstellung ist die Bereitstellung von Artillerie und schweren Inf[anterie].- Waffen in Feuerstellungen so, daß sie beim eigenen Angriff die vorgehende Infanterie sogleich mit Feuer unterstützen, bei eigener Verteidigung das Vorgehen des Feines sofort unter Feuer nehmen können."[429] Dies mag daran liegen, dass der Begriff eventuell seine Bedeutung im Lauf der Zeit geändert hat und/oder dass bei der Infanterie der Begriff anders verstanden wurde als bei der Artillerie.

Minenwerfer: Hierbei kann es sich um zwei verschiedene Waffentypen handeln. Der „Klassische" Minenwerfer wurden in erster Linie im Ersten Weltkrieg eingesetzt. Hierbei handelte es sich um einen Vorderlader, ähnlich dem Granatwerfer (heute üblicherweise als Mörser bezeichnet). Allerdings war ein Minenwerfer komplexer, so er verfügte er über einen Rohrrücklauf und

---

[424] Reibert, Wilhelm: *Der Dienstunterricht im Heere. Ausgabe für den Schützen der Schützenkompanie. Dreizehnte, völlig neubearbeitete Auflage*. Jahrgang 1943. Verlag von E. S. Mittler & Sohn: Berlin, 1943, S. 173-175.
[425] *H. Dv. 316: Pionierdienst aller Waffen*. Nachdruck 1936. Vom 11. 2. 1935. Verlag E.S. Mittler & Sohn: Berlin, 1936, S. 18-20.
[426] BArch, RH 17/809: *Schule VII: Taktische Grundbegriffe*, August 1944, S. 4.
[427] Kruse, Kurt: *Artilleristischer Ratgeber auf dem Gefechtsfeld*. 8. neubearbeitete Auflage. Barbara-Verlag Hugo Weiler, München, 1942, S. 23.
[428] BArch, RH 17/809: *Schule VII: Taktische Grundbegriffe*, August 1944, S. 4.
[429] Kühlwein, Fritz: *Die Gruppe im Gefecht. (Die neue Gruppe)*. E. S. Mittler & Sohn: Berlin, 1940, S. 13.

Luftvorholer ähnlich wie ein normales Geschütz.[430] Dementsprechend ist ein Minenwerfer generell schwerer als ein Granatwerfer (Mörser). So schreibt Berlin in der *Waffenlehre-Fibel*: „An Stelle der Minenwerfer ist in vielen Staaten der sogenannte ‚Stokes-Mörser' eingeführt oder in Entwicklung [...]. Diese Waffen ist sehr einfach und leicht herzustellen, erreicht etwa eine Schußweite von 3000 m und ist sehr geeignet, die Infanterie bei der Bekämpfung feindlicher Widerstandnester zu unterstützen."[431] Ein weiterer Unterschied war, dass bei Minenwerfer die Kalibergröße meist größer war als bei Granatwerfern.

Die andere Möglichkeit ist ein Infanterie-Geschütz, denn das leichte Infanterie-Geschütz 18 hieß ursprünglich leichter Minenwerfer 18 laut *H. Dv. 105/2: Das leichte Infanterie-Geschütz*: „Durch die Umbenennung ‚leichter Minenwerfer 18 (I. M. W. 18)' in ‚leichtes Infanterie-Geschütz 18 (l. I. G. 18)' ist statt der im Text, auf den Bildern und in den Anlagen der H. Dv. 105/2 vorkommenden Bezeichnung ‚l. M. W. 18' oder ‚Werfer' grundsätzlich ‚l. I. G. 18' bzw. ‚Geschütz' zu lesen."[432]

Dipl.-Ing. Deutsch schreibt in seinem Buch *Waffenlehre* von 1939 über die Unterschiede zwischen Infanteriegeschütz und leichten Minenwerfer wie folgt: „Vor dem Infanteriegeschütz hat der l.M.W. [leichte Minenwerfer] die leichtere Beweglichkeit und Deckungsmöglichkeit im Kampfgelände, die biegsamere Flugbahn und die größere Wirtschaftlichkeit bei Herstellung und Verwendung voraus; dagegen steht er dem Infanteriegeschütz an Schußweite, Durchschlagsleistung, Feuergeschwindigkeit und Feuerbereitschaft nach."[433] Jedoch geht nicht klar hervor auf welchen Zeitraum er sich bezieht, insbesondere da er ein paar Seiten weiter über Bestrebungen schreibt die beiden Waffensysteme zu kombinieren: „Vereinigung von I.G. [Infanteriegeschütz] und l.M.W. [leichten Minenwerfer]"[434].

---

[430] Deutsch, Fr. W.: *Waffenlehre. Kurzgefaßtes Lehr- und Nachschlagebuch der neuzeitlichen Bewaffnung*. Zweite, völlig neubearbeitete und erweiterte Auflage. Verlag E. S. Mittler & Sohn: Berlin, 1939, S. 160. Ebenso Berlin, Wilhelm: *Waffenlehre-Fibel (Wa. Fi.)*. Verlag „Offene Worte": Berlin, o.J., S. 74.
[431] Berlin, Wilhelm: *Waffenlehre-Fibel (Wa. Fi.)*. Verlag „Offene Worte": Berlin, o.J., S. 79-80.
[432] BArch, RH 1/767: *H. Dv. 105/2: Das leichte Infanterie-Geschütz 18. Gerätebeschreibung*. 1936. Rückseite des Deckblattes.
[433] Deutsch, Fr. W.: *Waffenlehre. Kurzgefaßtes Lehr- und Nachschlagebuch der neuzeitlichen Bewaffnung*. Zweite, völlig neubearbeitete und erweiterte Auflage. Verlag E. S. Mittler & Sohn: Berlin, 1939, S. 160.
[434] Deutsch, Fr. W.: *Waffenlehre. Kurzgefaßtes Lehr- und Nachschlagebuch der neuzeitlichen Bewaffnung*. Zweite, völlig neubearbeitete und erweiterte Auflage. Verlag E. S. Mittler & Sohn: Berlin, 1939, S. 165.

Der zentrale Unterschied zwischen dem leichten Minenwerfer den Berlin in der *Waffenlehre-Fibel* beschreibt und dem leichten Infanteriegeschütz 18 scheint darin zu liegen, dass der Minenwerfer ein Vorderlader war, wohingegen das Infanteriegeschütz ein Hinterlader war. Es liegt nahe, dass sich die Vereinigung von Infanteriegeschütz und Minenwerfer die Deutsch erwähnt praktisch vollzogen wurde bzw. der Name Minenwerfer fortan nicht mehr benutzt wurde.

Munitionsausstattung, erste: Die erste Munitionsausstattung war jene Menge an Munition, die die kämpfende Truppe in ihren eigenen Gefechts- und Nachschubfahrzeugen mitführen konnte.[435] Laut dem Merkblatt *Richtlinien für den Einsatz der Sturmgeschütz-Einheiten* vom April 1942 war diese Ausstattung für Sturmgeschütz-Einheiten 300 Schuß pro Geschütz.[436]

Nest: Die *H. Dv. 316: Pionierdienst aller Waffen* beschreibt ein Nest wie folgt: „Verbindet man mehrere Schützenlöcher durch Gräben, so entstehen Nester, die durch den Einbau von Unterschlupfen verstärkt werden können."[437] Allerdings benutzt Kühlwein eine etwas offenere Definition: „Einige zu gemeinsamen Handeln unter einheitlichen Befehl auf engem Raum zusammengefaßte Schützen mit oder ohne M.G."[438] Diese Nester dienen also im allgemeinen dem Schutze der Soldaten, stellen dabei aber auch Feuerstellungen bzw. Positionen von denen sich Soldaten gegenseitig unterstützen können dar und konnten, je nach Lage und Bedarf auf Dauer zu verstärkten Stellung ausgebaut werden.

Offizier zur besonderen Verwendung: Siehe Abschnitt b) Der Offizier z. b. V. in B. Tätigkeit der Dienstgrade unter V. Einsatz der Sturmgeschützbatterie.

Panzersicher: Generell wurde zwischen panzergünstigen, -hemmenden und -sicheren Gelände unterschieden. Sümpfe, Flüsse, Seen, Steilwände, Sandgruben, Hochwälder mit dichtem Unterholz als auch schneeverwehte Mulden mit über 80 cm Schnee wurden als panzersicher angesehen. Als panzerhemmend wurden betrachtet kleinere Flussläufe mit flachen

---

[435] Donat, Gerhard: *Beispiele für den Munitionsverbrauch der deutschen Wehrmacht im zweiten Weltkrieg*. In: Allgemeine schweizerische Militärzeitschrift, Band 129, Jahr 1963, Heft 2, S. 76. (Elektronische Version); sowie Bieringer, Ludwig: *Nachschubfibel*. Zweite verbesserte Auflage. Verlag „Offene Worte", Berlin, 1938, S. 36.
[436] Siehe Ergänzung 1, Anhang. BArch, RH 11-II/46: *Merkblätter für Artillerie Nr. 34.- Richtlinien für den Einsatz der Sturmgeschütz-Einheiten*, 27.4.1942, S. 15.
[437] *H. Dv. 316: Pionierdienst aller Waffen*. Nachdruck 1936. Vom 11. 2. 1935. Verlag E.S. Mittler & Sohn: Berlin, 1936, S. 268.
[438] Kühlwein, Fritz: *Die Gruppe im Gefecht. (Die neue Gruppe)*. E. S. Mittler & Sohn: Berlin, 1940, S. 13.

Böschungen, Wiesen und spärlich bewachsenes Gebiet mit versumpften Stellen.[439]

Planzeiger: Ein Planzeiger ist ein Hilfsmittel, welches es erlaubt die Koordinaten von oder auf Karten zu übertragen. So heißt es in der *H. Dv. 200/6: Schießvorschrift*: „Der Planzeiger gibt die Möglichkeit, bei Karten oder Plänen mit Gitternetz die Koordinaten eines Punktes nach Rechts- und Hochwerten, d.h. den senkrechten [alte Formulierung, normal/rechtwinkelig] Abstand nach Seite und Höhe von einem Koordinatenausgangspunkt festzustellen [...]."[440]

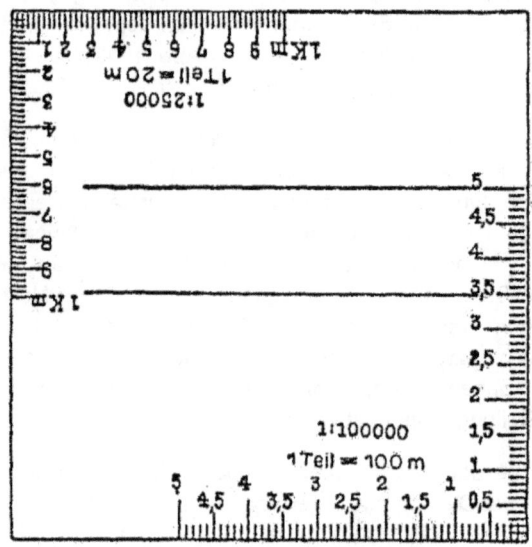

Abbildung 10: Planzeiger 1:25000 - 1:100000 (H. Dv. 200/6)

Richten, direkt: „Unter ‚Richten' versteht man das ‚Zielen' der Artillerie."[441] Mit direkt wird das Zielen auf sichtbare Ziele bezeichnet, im Gegensatz zum

---

[439] CAMO, Fond 500, Opis 12480, Delo 137: *Übersetzte Beutedokumente zu Panzertruppen, Sturmgeschützen und zur Panzerabwehr, Verhöre deutscher Kriegsgefangener, Ausbildungsmaterial, Merkblätter u.a.*, 28.01.1941-13.03.1945. Bl. 154-155: Jnf.Div. Grossdeutschland: Merkblatt Panzer-Bekämpfung, 16.10.42.

[440] H. Dv. 200/6: *Ausbildungsvorschrift für die Artillerie: Heft 6: Schießvorschrift*. Neudruck mit den eingearbeiteten Deckblättern 1-116. Entwurf. Verlag E. S. Mittler & Sohn: Berlin, 1937, S. 65.

[441] Franke, Hermann: *Handbuch der neuzeitlichen Wehrwissenschaften. Zweiter Band: Das Heer*. Verlag von Walter de Gruyter & Co.: Berlin und Leipzig, 1937, S. 45.

indirekten Richten/Zielen, wo die Besatzung des Geschützes das Ziel nicht direkt anvisieren konnte.

Scherenfernrohr: Bei einem Scherenfernrohr handelt es sich um ein Fernrohr mit zwei Objektiven, die sich wie zwei Scheren voneinander entfernen. Der Autor Hugo Berlin beschreibt das Scherenfernrohr in dem Buch *Artillerist I* wie folgt: „Das Scherenfernrohr ist ein Beobachtungsfernrohr für zwoäugigen Gebrauch und wird mit einem Meßkreis auf einem Gestell verwendet. Es gehören dazu:
das eigentliche Scherenfernrohr,
der Meßkreis,
das Einheitsgestell,
das Zubehör."[442]

Das reguläre Scherenfernrohr der Wehrmacht hatte eine 10-fache Vergrößerung. Die Fernrohrarme („Scheren") konnten gespreizt oder geschlossen eingesetzt werden. Ersteres war die bevorzugte Verwendung: „Es ist möglichst mit gespreizten Armen aufzubauen, da sich dem Beobachter so ein plastisches Bild des Geländes zeigt."[443] Diese Sichtweise erleichtert üblicherweise das Bestimmen von Entfernungen.

Abbildung 11: Behälter für Scherenfernrohr 14 Z für Selbstfahrlafette (Sfl). Forum Wehrgeschichte Oberösterreich. (Foto: Bernhard Kast)

---

[442] Berlin, Hugo: *Der Artillerist I. Der Kanonier*. Verlag „Offene Worte": Berlin, o.J., S. 233.
[443] von Ordarza: *Taschenbuch der leichten Artillerie (früher „Leichte Artillerie-Fibel")*. 10. Auflage, Verlag „Offene Worte": Berlin, 1939, S. 52.

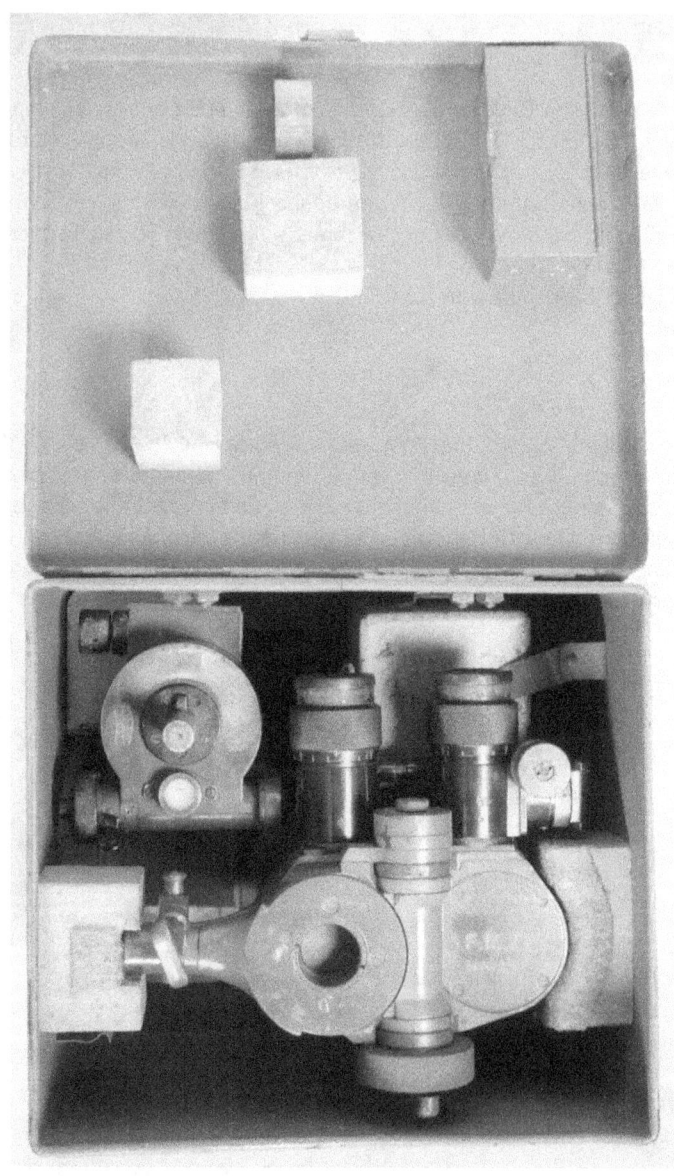

Abbildung 12: Offener Behälter für Scherenfernrohr 14 Z für Selbstfahrlafette (Sfl). Forum Wehrgeschichte Oberösterreich. (Foto: Bernhard Kast)

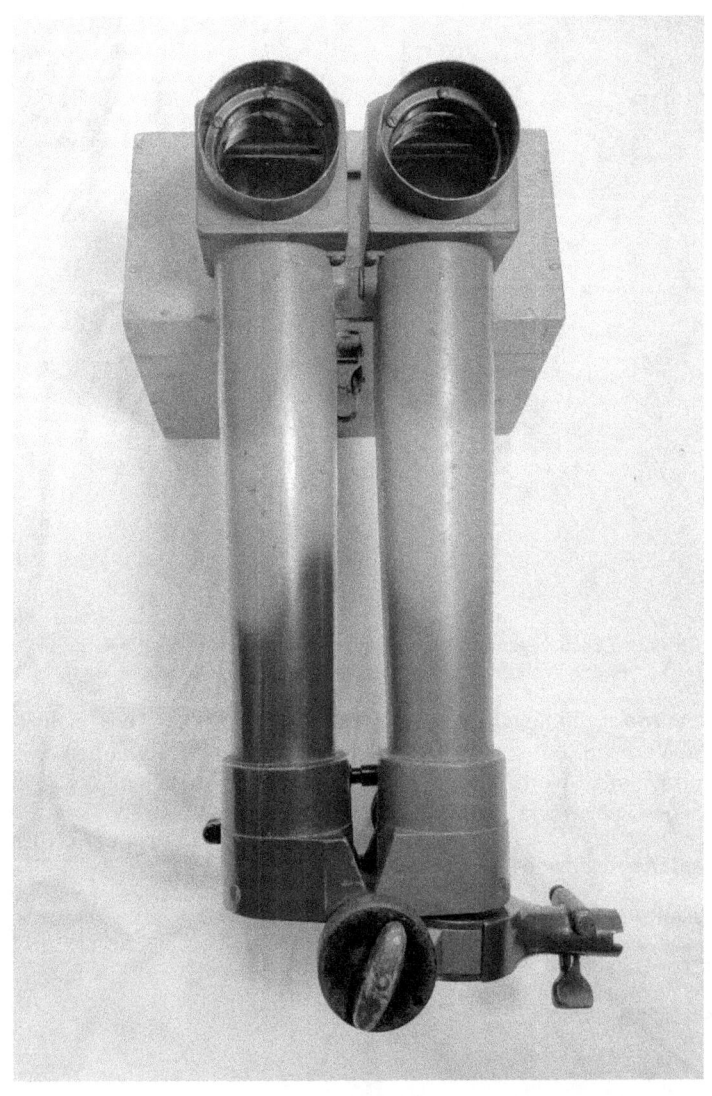

Abbildung 13: Scherenfernrohr mit hochgestellten Fernrohrarmen. Forum Wehrgeschichte Oberösterreich. (Foto: Bernhard Kast)

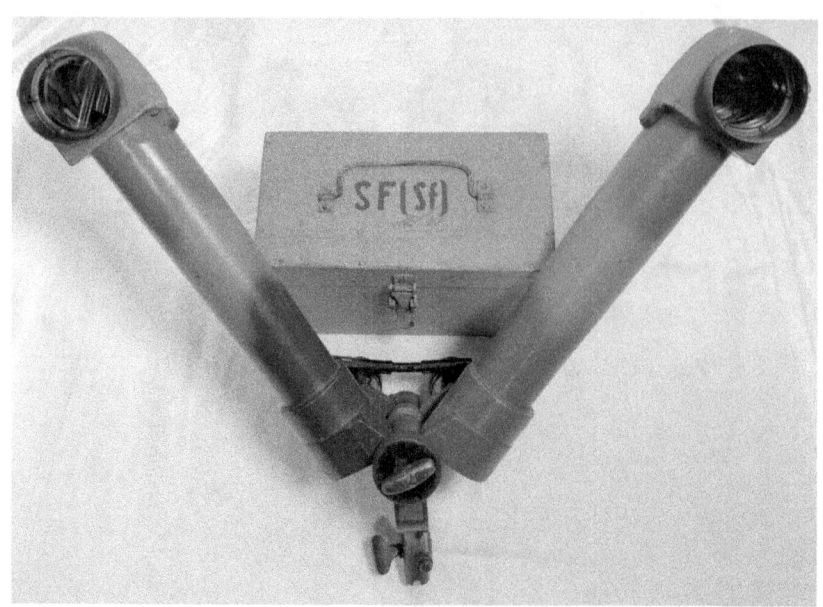

Abbildung 14: Scherenfernrohr mit nicht vollständig gespreizten Fernrohrarmen. Forum Wehrgeschichte Oberösterreich. (Foto: Bernhard Kast)

Schreibweise Einheiten, Abkürzung und Unterstellung: Die Einheiten, die einem Verband oder einer Einheit unterstellt waren wurden wie folgt gekennzeichnet, hierbei ist die Unterscheidung zwischen römischen und arabischen Zahlen sehr wichtig.

Infanterie-Regiment 1	= I.R. 1
Artillerie-Regiment 2	= A.R. 2
Pionier-Bataillon 4	= Pi. 4
Nachrichten-Abteilung 5	= N. 5
I. Bataillon I.R. 1	= I./I.R. 1
II. Abteilung A.R. 2	= II./A.R. 2
1. Schützenkompanie I.R. 1	= 1./I.R. 1
9. Batterie A.R.2	= 9./A.R. 2

Schwerpunkt: Der Begriff Schwerpunkt hat insbesondere in der englischsprachigen Literatur und Diskussion sehr viel Staub aufgewirbelt.[444] Ein kurzer Blick auf Clausewitz Vom Kriege zeigt auf, dass er den Begriff meist im (groß)strategischen Kontext benutzt, so zum Beispiel:

„Aus ihnen [vorherrschenden Verhältnis zweier Staaten] wird sich ein gewisser Schwerpunkt, ein Zentrum der Kraft und Bewegung bilden, von welchem das Ganze abhängt, und auf diesen Schwerpunkt des Gegners muß der gesammelte Stoß aller Kräfte gerichtet sein."[445]

Und auch bei der weiteren Ausführung hier:

„Alexander, Gustav Adolf, Karl XII., Friedrich der Große hatten ihren Schwerpunkt in ihrem Heer, wäre dies zertrümmert worden, so würden sie ihre Rolle schlecht ausgespielt haben; bei Staaten, die durch innere Parteiungen zerrissen sind, liegt er meistens in der Hauptstadt; bei kleinen Staaten, die sich an mächtige stützen, liegt er im Heer dieser Bundesgenossen; bei Bündnissen liegt er in der Einheit des Interesses;"[446]

In *Vom Kriege* kommt das Wort „Schwerpunkt" und seine Variationen insgesamt 49-mal vor. Allerdings nutzt Clausewitz den Begriff lange bevor er ihn genauer spezifiziert. So schreibt er zum Beispiel:

„Wie dieser Gedanke von dem Schwerpunkt der feindlichen Macht bei dem ganzen Kriegsplan wirksam wird, werden wir im letzten Buche betrachten, denn dahin gehört der Gegenstand überhaupt, und wir haben ihn von daher nur entlehnt, um keine Lücke in der Vorstellungsreihe zu lassen."[447]

---

[444] Vego, Milan: *Clausewitz's Schwerpunkt. Mistranslated from German – Misunderstood in English*. In: Military Review, January-February 2007, p. 101.
[445] Grassi, Ernesto (Ed.): von Clausewitz, Carl: *Vom Kriege*. Rowohlt: Hamburg, 2005, S. 211.
[446] Corff, Oliver (Ed.): von Clausewitz, Carl: *Vom Kriege*. Erstausgabe von 1832-1834. A4 Version basierend auf Textdaten bibliotheca Augustana. Clausewitz-Gesellschaft e.V.: Berlin, 2010, S. 459.
[447] Corff, Oliver (Ed.): von Clausewitz, Carl: *Vom Kriege*. Erstausgabe von 1832-1834. A4 Version basierend auf Textdaten bibliotheca Augustana. Clausewitz-Gesellschaft e.V.: Berlin, 2010, S. 364.

Die Historikerin Beatrice Heuser merkt an:

„Somit kann in den Schriften des realistischen Clausewitz der Schwerpunkt viele Erscheinungsformen aufweisen – das Heer des Feindes, seine Hauptstadt, die öffentliche Meinung."[448]

Es fällt auf, dass der Begriff nicht immer dieselbe Bedeutung hat. Die Begriffe „Schwerpunkt" und „Schwerpunktbildung" werden vom Militärhistoriker Gerhard Groß in seinem Buch zum operativen Denken des Deutschen Heeres wiederholt erwähnt, selten im strategischen, sondern in erster Linie im operativen Sinne.[449]

In der *Truppenführung* wird Schwerpunkt und wie er sich kennzeichnet angesprochen:

„Der Schwerpunkt [im Angriff] wird gekennzeichnet: beim Ansatz des Angriffs durch schmale Gefechtsstreifen, durch Maßnahmen für die Feuervereinigung aller Waffen, auch als benachbarten Gefechtsstreifen, und durch Verstärkung des Feuers durch besonders zugewiesene schwere Infanteriewaffen und Artillerie; während der Durchführung des Angriffs durch Steigern des Feuers und Einsetzen von Kampfwagen und Reserven. Die Wahl des Schwerpunktes wird durch die Artillerie, manchmal auch durch die Kampfwagen weitgehend beeinflußt."[450]

Hierbei wird eindeutig nicht mehr die strategische, sondern die taktisch-operative Ebene angesprochen. Ebenso Kühlwein in einem Buch über die Schützengruppe:

„Der Schwerpunkt wird im Angriff (mindestens im Btl.[451]-Verbande) an die Stelle gelegt, wo man die Entscheidung herbeiführen will. Hier werden die Hauptkräfte und die Masse der Munition eingesetzt. Er wird gekennzeichnet durch schmale Gefechtsstreifen und durch Feuervereinigung aller Waffen, auch aus benachbarten Gefechtsstreifen (Flankierung). Für die Wahl des

---

[448] Heuser, Beatrice: *Clausewitz lesen! Eine Einführung.* R. Oldenbourg Verlag, München, 2010, S. 94.
[449] Groß, Gerhard P.: *Mythos und Wirklichkeit: Die Geschichte des operativen Denkens im deutschen Heer von Moltke d. Ä. bis Heusinger.* Zeitalter der Weltkriege, Band 9. Ferdinand Schönigh: Paderborn, 2012, S. 67-68, 156, 166, 171, 173, 201.
[450] H. Dv. 300/1: *Truppenführung (T.F.) I. Teil. Abschnitt I – XIII.* Verlag Mittler & Sohn: Berlin, 1936, S. 123.
[451] Bataillon.

Schwerpunktes ist die Feindbesetzung (gutes Vorwärtskommen) und hauptsächlich die Gunst des Geländes maßgebend."[452]

Eine Definition von 1944 orientiert sich hier auch ganz klar an der *Truppenführung*:

„Schwerpunkt: wird durch schmale Gefechtsstreifen, vermehrten Einsatz von schweren Waffen und Nachführen von Reserven sowie Munition an der Stelle gebildet, wo die Entscheidung fallen soll."[453]

In *Truppenführung* fällt der Begriff Schwerpunkt noch öfter:

„Reicht die unmittelbar mit der Infanterie zusammenarbeitende Artillerie für die Unterstützung nicht aus, so muß der Artillerieführer mit der übrigen Artillerie aushelfen, vorzugsweise durch Unterstützung der im Schwerpunkt angreifenden Infanterie."[454]

Darauf kommentierten Condell und Zabecki in ihrer Übersetzung:

„In the original, the term Schwerpunkt is used. What was really meant, however, was decisive point [entscheidende Stelle], not center of gravity as Clausewitz defined the term."[455]

Dies geht natürlich davon aus, dass sich jemand an die Verwendung von Schwerpunkt bei Clausewitz hielt und sie gleichzeitig von der (groß)strategischen Ebene auf die taktisch-operative Ebene anwendete.

Die Durchsicht von offiziellen und semi-offiziellen[456] Publikationen der Zeit vermittelt den Eindruck, dass es sich bei Schwerpunkt um einen sehr praktischen Begriff handelte, der in erster Linie auf der taktischen Ebene benutzt wurde. Ein solch pragmatischer Ansatz kommt auch klar hervor, wenn Altrichter im *Reserveoffizier* unter „Schwerpunktbildung" 1941 schreibt:

---

[452] Kühlwein, Fritz: *Die Gruppe im Gefecht. (Die neue Gruppe)*. E. S. Mittler & Sohn: Berlin, 1940, S. 14-15.
[453] BArch, RH 17/809: Schule VII: *Taktische Grundbegriffe*, August 1944, S. 4.
[454] H. Dv. 300/1: *Truppenführung (T.F.) I. Teil. Abschnitt I – XIII*. Verlag Mittler & Sohn: Berlin, 1936, S. 144.
[455] Condell, Bruce (ed.); Zabecki, David T. (ed.): *On the German Art of War. Truppenführung*. Stackpole Books: Mechanicsburg, PA, USA, 2009 (2001), p. 102.
[456] In vielen Fällen sind ganze Textpassagen, Grafiken und Sonstiges 1:1 oder fast 1:1 identisch, allerdings ist ohne eingehender Recherche schwer festzustellen, wer von wem „abgeschrieben" hat bzw. ob es in manchen Fällen nicht ein und derselbe Autor war.

„Wahl des Schwerpunktes dort, wo nach Feindlage und Gelände die besten Voraussetzungen für den Erfolg vorliegen. Ist die entscheidende Stelle nicht von vornherein zu erkennen, so muß der Schwerpunkt ins Ungewisse gebildet und erforderlichenfalls später verlegt werden."[457]

Und darauf folgt dann die konkrete Handlungsanweisung:

„Bildung des Schwerpunktes wird erreicht durch:
Zuweisung schmaler Gefechtsstreifen,
Feuervereinigung aller Waffen, auch aus Nachbargefechtsstreifen,
Verstärkung des Feuers durch besonders zugewiesene Artillerie und schwere Infanteriewaffen,
Steigerung des Feuers,
Einsatz von Panzerverbänden und Reserven,
Einsatz von Luftstreitkräften."[458]

Der Historiker Roman Töppel, der sich in seiner Forschung jahrzehntelang mit Operationsbefehlen, Kriegstagebüchern, Einsatzberichten und sonstigen Quellen beschäftigt hat und auch Veteranen zum Thema Schwerpunkt befragt hat, gab auf die Frage zu einer Definition für Schwerpunkt für die deutschen Streitkräfte im 2. Weltkrieg folgende Definition:

„Schwerpunkt ist der Punkt, an dem die Masse der Kräfte zur Erreichung des operativen Hauptziels eingesetzt wird."[459]

Diese Definition und auch die anderen aus zeitgenössischen Quellen angeführten Definitionen haben mit der Clausewitz'schen Verwendung wenig bis gar nichts zu tun, denn dabei stimmen weder die Ebene noch der praktische Ansatz überein.

Letztlich sei anzumerken das im deutschen Sprachgebrauch Schwerpunkt auch generell benutzt wird. Als Beispiel sei folgendes Zitat aus dem *Vorläufigen Merkblatt: Der M.P.-Zug der Grenadier-Kompanie* aufgeführt: „Der Schwerpunkt der Ausbildung liegt in der Handhabung der Waffe und im

---

[457] Altrichter, Friedrich: *Der Reserveoffizier. Ein Handbuch für den Offizier und Offizieranwärter des Beurlaubtenstandes aller Waffen.* Vierzehnte, durchgesehene Auflage. Verlag von E. S. Mittler & Sohn: Berlin, 1941, S. 259.
[458] Altrichter, Friedrich: *Der Reserveoffizier. Ein Handbuch für den Offizier und Offizieranwärter des Beurlaubtenstandes aller Waffen.* Vierzehnte, durchgesehene Auflage. Verlag von E. S. Mittler & Sohn: Berlin, 1941, S. 259.
[459] Email von Dr. Roman Töppel, 8. November 2020.

Schulgefechtsschießen."⁴⁶⁰ Es handelt sich hierbei also um sowohl einen taktisch-operativ-strategischen Begriff, so wie um ein Alltagswort, das einen gewissen „Fokus" beschreibt.

Schirrmeister: Kraftfahrzeug-Meister des Fuhrparks der Einheit. Hierbei handelt es sich um einen alten Namen, wobei das „Schirr" auf das Pferdegeschirr verweist.

Sonderkraftfahrzeug: Kraftfahrzeuge, die für militärische Zwecke gebaut wurden.

Sperrfeuer: Hierbei handelt es sich um eine Feuerform, die zur Abwehr dient. Sperrfeuer stellt einen vorbereiten, räumlich und zeitlich begrenzten Schutz gegen feindliche Angriff dar.⁴⁶¹ In der *H. Dv. 130/9: Führung und Kampf der Infanterie. Das Infanterie-Bataillon* vom Januar 1940 heißt es wie folgt: „Das Sperrfeuer ist ein unbeobachtetes Feuer der schweren Infanteriewaffen und der Artillerie. Es wird unmittelbar vor das Hauptkampffeld gelegt."⁴⁶²

Das Sperrfeuer wurde früher als Notfeuer bezeichnet.⁴⁶³

In den verschiedenen Werken wird besonders darauf verwiesen, dass das Sperrfeuer dort wirken soll, wo die regulären Waffen der Infanterie nicht oder nur begrenzt wirken können, so zum Beispiel Kühlwein: „Es wird nur da vorbereitet, wo sie Inf.⁴⁶⁴ sich nicht selbst helfen kann. Es wird räumlich und zeitlich begrenzt und durch Zeichen, sonstige Anforderung oder Befehl ausgelöst."⁴⁶⁵ Kruse führt an, dass es dicht vor die vordere Linie oder eigenen Sperren gelegt werden soll. Ebenso merkt er an: „Sparsamkeit mit den Räumen.

---

⁴⁶⁰ BArch, RH 11-I/83: Merkblatt 25a/16: Vorläufiges Merkblatt „Der M.P.-Zug der Grenadier-Kompanie", 1.2.1944, S. 10.
⁴⁶¹ *H. Dv. 200/5: Ausbildungsvorschrift für die Artillerie. Heft 5: Die Führung der Artillerie.* Nachdruck mit Berichtigung gem. HVBl. 40 Teil C Ziffer 515. E. S. Mittler & Sohn: Berlin, 1941, S. 14-15.
⁴⁶² *H. Dv. 130/9: Ausbildungsvorschrift für die Infanterie. Heft 9. Führung und Kampf der Infanterie. Das Infanterie-Bataillon.* Verlag „Offene Worte", Berlin, 18. Januar 1940, S. 31.
⁴⁶³ „Notfeuer: jetzt ‚Sperrfeuer'." so bei Kruse, Kurt: *Artilleristischer Ratgeber auf dem Gefechtsfeld.* 8. neubearbeitete Auflage. Barbara-Verlag Hugo Weiler, München, 1942, S. 25. In der *H. Dv. 205/5* von 1941 wird noch von Notfeuer geschrieben, vermutlich, da es sich um einen Nachdruck handelt. *H. Dv. 200/5: Ausbildungsvorschrift für die Artillerie. Heft 5: Die Führung der Artillerie.* Nachdruck mit Berichtigung gem. HVBl. 40 Teil C Ziffer 515. E. S. Mittler & Sohn: Berlin, 1941, S. 14-15.
⁴⁶⁴ Infanterie.
⁴⁶⁵ Kühlwein, Fritz: *Die Gruppe im Gefecht. (Die neue Gruppe).* E. S. Mittler & Sohn: Berlin, 1940, S. 13-14.

Nur dorthin, wo s.M.G.[466], l. und s.Gr.W.[467] sowie die l.I.G.[468] nicht hinwirken können und der Feind es schwer umgehen kann."[469]

Spitzgeschoss mit Kern (SmK): Beim Spitzgeschoss mit Kern handelte es sich um eine Variation des Spitzgeschosses (siehe Spitzgeschoss, schwer) gegen gepanzerte Ziele. Hierbei ist es wichtig anzumerken, dass sich die Panzerungen der verschiedenen Fahrzeuge sehr schnell entwickelten. Eine zeitgenössische Beschreibung ist wie folgt: „Um den Stahlkern ist eine Bleijacke und darüber ein Stahlblechmantel gezogen. Sie wir gegen gepanzerte Ziele verwandt. Während das S-Geschoß [Spitzgeschoß] beim Auftreffen auf einem harten Panzer zerschellt, soll das SmK-Geschoß ihn mit seinem harten Stahlkern durchbohren. Äußerlich ist das Geschoß an einem roten Ring am Patronenboden zu erkennen."[470]

Spitzgeschoss mit Kern Leucht-Spur (SmKl): Hierbei handelt es sich um die Leuchtspurvariante des Spitzgeschoss mit Kern. Eine zeitgenössische Beschreibung ist wie folgt: „SmKL-Spurmunition (Leuchtspurmunition) dient zur Sichtbarmachung und Überprüfen der eigenen Geschoßbahn oder -garbe gegen schnell bewegliche Ziele, z. B. gegen Flieger und Kampfwagen. Sie leuchtet bis etwa 900 m ihrer Flugbahn. Das Geschoß ist ein SmK-Geschoß."[471] Dieses Geschoss war in zweifacher Weise markiert, zum einen mit einem roten Ring am Patronenboden wie das SmK-Geschoss, sowie einer schwarzen Geschossspitze.

Spitzgeschoss, schwer: (sS): Dies war die Standardmunition für Gewehre und Maschinengewehre des deutschen Heeres im 2. Weltkrieg. Dabei steht „sS" für

---

[466] Schweres Maschinengewehr, üblicherweise ein MG 34 oder 42 mit der entsprechenden Lafette 34 oder 42.
[467] Leichter und schwerer Granatwerfer. Anmerkung heute wird dem Begriff „Granatwerfer" eine andere Waffe bezeichnet als damals. Bei den Granatwerfern der Wehrmacht handelt es sich um Waffensysteme, die heute als „Mörser" bezeichnet werden. Wohingegen die Waffen, welche in der Wehrmacht als „Mörser" bezeichnet wurden, heute als (sehr) schwere Artillerie war bezeichnet wurden, siehe zum Beispiel 21 cm Mörser 18.
[468] Leichtes Infanteriegeschütz.
[469] Kruse, Kurt: *Artilleristischer Ratgeber auf dem Gefechtsfeld*. 8. neubearbeitete Auflage. Barbara-Verlag Hugo Weiler, München, 1942, S. 121-122.
[470] Berlin, Wilhelm: *Waffenlehre-Fibel (Wa. Fi.)*. Verlag „Offene Worte": Berlin, o.J., S. 31-32.
[471] Berlin, Wilhelm: *Waffenlehre-Fibel (Wa. Fi.)*. Verlag „Offene Worte": Berlin, o.J., S. 32.

„schweres Spitzgeschoss".[472] Der Patronenboden war durch einen grünen Ring gekennzeichnet. Das Geschoss war aus Blei.

Stern (Funk): Der Autor konnte noch keine zeitgenössische Beschreibung finden, die „Batteriestern", „Zugstern", etc. erläutert. Mit höchster Wahrscheinlichkeit handelt es sich bei diesen Begriffen um einen sogenannten „Sternkopf", da es beim Funken mehrere Verkehrsformen gibt, eine davon ist der Sternverkehr. Diese Form erlaubt keinen direkten Kontakt der Unterfunkstellen miteinander, sie müssen über den Sternkopf kommunizieren, der eine Leitstellenfunktion übernimmt (siehe Abbildung 15).[473] Dies entspricht sowohl den Prinzipien der militärischen Führung als auch dem Umstand, dass die Ausrüstung mit Funkgeräten begrenzt war. Ebenso deckt sich dies der Darstellung in zeitgenössischen Vorschriften.[474] In der *H. Dv. 272: Muster für taktische Zeichen des Heeres* vom Mai 1943 findet sich beim Funkdienst unter den Verbindungen der Stern (siehe Abbildung 16).[475]

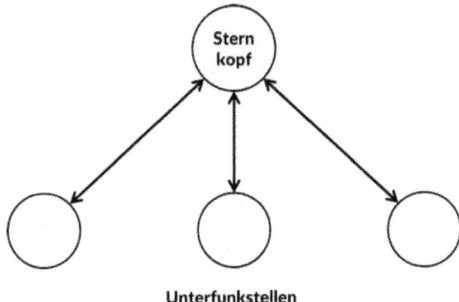

Abbildung 15: Sternverkehr (Illustration: Bernhard Kast)

---

[472] Hahn, Fritz: *Waffen und Geheimwaffen des deutschen Heeres 1933-1945. Band 1.* Dörfler Verlag: Eggolsheim, o.J., S. 25. Siehe auch: Zimmermann, Bodo: *Infanteriedienst. Für den Einzelschützen der aktiven Truppe, der Reserve und der Landwehr.* 18. Auflage (Kriegsausgabe) der „Soldatenfibel". Verlag „Offene Worte": Berlin, 1940, S. 25.

[473] FunkerPortal: Was ist eigentlich BOS Funk? https://www.funkportal.de/page-bosfunk-index.html Letzter Zugriff: 31. Dezember 2022. Wikipedia: Sprechfunkverkehrsform. https://de.wikipedia.org/wiki/Sprechfunkverkehrsform, letzter Zugriff: 31. Dezember 2022.

[474] *H. Dv. 298/3a: Ausbildungsvorschrift für die Panzertruppe. Führung und Kampf der Panzergrenadiere. Heft 1: Das Panzergrenadier-Bataillon (gp.).* 5.8.1944, S. 48-52.

[475] *H. Dv. 272: Muster für taktische Zeichen des Heeres.* Vom 23. Mai 1943. Unveränderter Nachdruck 1944. OKH: 1943, S. 105.

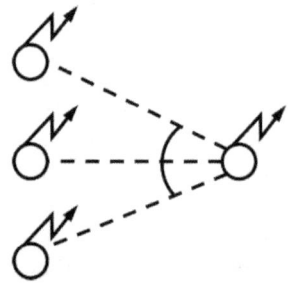

Abbildung 16: Funkverbindung Stern gemäß *H. Dv. 272*. (Illustration: Bernhard Kast)

Stoßkraft: Die Stoßkraft steht für die vorantragende Kraft im Angriff. So schreibt der Historiker Ralf Raths: „Stoßkraft hingegen meinte den durch den Schwung der Soldaten im Sturm vorgetragenen Impuls des Angriffs, der letztlich die Gegner aus der zu erobernden Position werfen sollte."[476] In Bodo Zimmermanns *Infanteriedienst* von 1940 heißt es letztlich: „Die Stoßkraft der Schützen, die mit Bajonett und Handgranate und dem gefürchteten deutschen ‚Hurra' zum Sturm auf den Feind antreten, entscheidet den Kampf."[477]

Stoßlinie: Die Stoßlinie war eine Referenzlinie auf Karten, die es den Einheiten erlaubte, im Gefecht darauf zu verweisen. Dies ermöglichte eine einfache Orientierung und verhinderte, dass der Feind beim Abfangen der Funksprüche die Position zurückverfolgen konnte. Siehe auch im Anhang 1, Anweisung für den Funkverkehr des Sturmgeschützes, E. Betriebsunterlagen, II. Die Funktafel, Ziffer 23.

Sturmgeschütz-Abteilung: Eine Sturmgeschütz-Abteilung hatte laut dem *Richtlinien für den Einsatz der Sturmgeschütz-Einheiten* von April 1942 eine Sollstärke von 21 Sturmgeschützen.[478] Ab November 1942 gab es auch eine

---

[476] Raths, Ralf: *Vom Massensturm zur Stoßtrupptaktik. Die deutsche Landkriegstaktik im Spiegel von Dienstvorschriften und Publizistik 1906 bis 1918*. Zentrum für Militärgeschichte und Sozialwissenschaften der Bundeswehr: Potsdam, 2019, S. 31.
[477] Zimmermann, Bodo: *Infanteriedienst. Für den Einzelschützen der aktiven Truppe, der Reserve und der Landwehr*. 18. Auflage (Kriegsausgabe) der „Soldatenfibel". Verlag „Offene Worte": Berlin, 1940, S. 35.
[478] BArch, RH 11-II/46: *Merkblätter für Artillerie Nr. 34.- Richtlinien für den Einsatz der Sturmgeschütz-Einheiten, 27.4.1942*, S. 4.

Gliederung mit 31 Sturmgeschützen.[479] Ähnlich wie bei den Zügen, waren die Sturmgeschütz-Abteilungen üblicherweise kleiner als die Panzer-Abteilungen.

Sturmgeschütz-Batterie: Die Gliederung Sturmgeschütz-Batterie für die Vorschrift *H. Dv. 200/2m: Die Sturmgeschützbatterie* vom September 1942 hatte eine Sollstärke von 7 Sturmgeschützen. Im November 1942 wurde eine Gliederung mit 10 Sturmgeschützen eingeführt.[480] Im Juni 1944 wurden neben den Sturmgeschütz-Batterien mit 10 Sturmgeschützen auch welche mit einer Stärke von 14 eingeführt.[481]

Sturmgeschütz-Zug: Der Sturmgeschütz-Zug war im Vergleich zu den Zügen der Panzereinheiten wesentlich kleiner gehalten. Der Sturmgeschütz-Zug laut der vorläufigen Vorschrift vom August 1941 hatte eine Sollstärke von 2 Sturmgeschützen.[482] Daran hatte sich im November 1941 nichts geändert.[483] Ein Jahr später wurde eine Gliederung mit 3 Sturmgeschützen als Sollstärke pro Zug eingeführt.[484] Im Juni 1944 wurde eine Sturmgeschütz-Batterie zu 14 Sturmgeschützen eingeführt, hier hatte der Zug eine Sollstärke von 4 Sturmgeschützen.[485] Eine Ausnahme waren die Panzer-Sturmgeschütz-Kompanien, hier handelte es sich um Sturmgeschütze, die den Panzertruppen unterstanden, in diesem Fall wurde eine Zugstärke (Soll) von 5 Sturmgeschützen statt 5 Panzern beibehalten.[486] Siehe auch: Zug.

Tiefenzone: Bei der Tiefenzone handelte es sich um den Geländeabschnitt, der sich von der Hauptkampflinie nach rückwärts erstreckte.[487]

Tross (Troß): Beim Tross handelt es sich um die Teile der Einheit, welche für in erster Linie für Transport- und Versorgungsaufgaben zuständig sind. Bei der

---

[479] Niehorster, Leo W.G., *German World War II Organizational Series. Volume 5/II: Higher Headquarters and Mechanized GHQ Units (4th July 1943)*, Milton Keynes, 2007, p. 49.
[480] KStN 446a (1.11.1942). Siehe Glossar: Kriegsstärkenachweisung.
[481] KStN 446 (1.6.1944). . Siehe Glossar: Kriegsstärkenachweisung.
[482] H. Dv. 200/2m: Ausbildungsvorschrift für die Artillerie. Vorläufige Ausbildungsanweisung für die Sturmbatterie. Vom 24. 8. 1940. Verlag Mittler & Sohn, Berlin, 1940, S. 19.
[483] KStN 446 (1.11.1941). Siehe Glossar: Kriegsstärkenachweisung.
[484] KStN 446a (1.11.1942). Siehe Glossar: Kriegsstärkenachweisung.
[485] KStN 446 (1.6.1944). Siehe Glossar: Kriegsstärkenachweisung.
[486] Jentz, Thomas L.: *Panzertruppen 2 – The Complete Guide to the Creation & Combat Employment of Germany's Tank Force – 1943-1945.* Schiffer Military History: Atglen, USA, 1996, p. 66-68.
[487] Haas, Walter: *Soldatenlexikon. Ein Merkbuch für den Infanteriedienst.* Franckh'sche Verlagshandlung: Stuttgart, o.J., S. 154.

Sturmgeschütz-Batterie befanden sich alle Fahrzeuge, die für die Erhaltung der Einsatzbereitschaft der Batterie auf längere Sicht benötigt wurden.

Voraus-Abteilung: Eine Voraus-Abteilung unterscheidet sich von der Vorhut. Während letztere als Aufgabe hat, den Großteil der Truppen des Verbandes zu schützen und einen stetigen Vormarsch zu gewährleisten, ist es die Aufgabe einer Voraus-Abteilung unabhängig vom Hauptverband bestimmte Aufgaben zu erfüllen. Dies war zum Beispiel Geländeabschnitte zu besetzen, bevor dies dem Feind möglich war oder die feindliche Linie zu durchstoßen. So heißt es im Erfahrungsbericht der 4. Panzer-Division zum Westfeldzug: „Jm Gegensatz zur Vorhut standen diese Vorausabteilungen in keinem Abhängigkeitsverhältnis zu den Bewegungen der Masse der Div.[488], sondern führten ihren Auftrag unabhängig durch. Das Kennzeichen dieser Vorausabteilungen ist : geringe Fahrzeugzahl, Geländegängigkeit, Feuerkraft."[489] Des Weiteren in der *H. Dv. g. 80: Richtlinien für Führung und Einsatz der Infanterie-Division (mot.)* vom Januar 1941: „Sollen wichtige Geländeabschnitte vor stärkerem Feind in Besitz genommen werden, können besonders bewegliche Voraus-Abteilungen – vornehmlich aus den schnelleren Kraftradschützen – gebildet werden. Sie eilen ohne Rücksicht auf den Abstand zur nachfolgenden Division voraus. Zuteilung von Pionieren, Sturmgeschützen, Panzerjägern, Infanterie auf Schützenpanzerwagen und Artillerie, u. U.[490] auch Teilen der Brückenkolonne, ist meist erforderlich."[491]

Vorhut: Die Vorhut marschiert vor dem größten Teil der Truppen (auch „Gros" genannt). Kühlwein gibt für die Infanterie hierzu folgende Größen an: „Stärke: $^1/_3$ bis $^1/_6$ der Gesamtstärke der Infanterie, weit ab vom Feinde noch weniger."[492] Die Aufgaben der Vorhut sind die Stetigkeit des Marsches zu gewährleisten, schwächeren Widerstandes des Feindes zu brechen, den Hauptteil der Truppen (das „Gros") vor Überraschungen zu sichern und entsprechend Zeit und Raum für die Entwicklung[493] der Truppen zum Gefecht

---

[488] Division.
[489] BArch, RH 53-7/206, Wehrkreiskommando VII (München)/Abteilung Ia (Führungsgruppe)/Beziehungen zum Feldheer/Ausbildungserfahrungen, Einsatzerfahrungen, Besichtigungs-bemerkungen des Kommandierenden Generals, sowie Erfahrungsberichte des Feldheeres, Sept. 1939 - Okt. 1942, Bl. 151.
[490] Unter Umständen.
[491] BArch, RH 1/259: *H. Dv. g. 80: Richtlinien für Führung und Einsatz der Infanterie-Division (mot.) vom 27. Januar 1941.* OKW: Berlin, 1941, S. 21.
[492] Kühlwein, Fritz: *Die Gruppe im Gefecht. (Die neue Gruppe).* E. S. Mittler & Sohn: Berlin, 1940, S. 16.
[493] Siehe Glossar: Entwicklung.

zu ermöglichen.⁴⁹⁴ „Unter Umständen hat die Vorhut unvorhergesehenen Widerstand rasch zu brechen und gewonnene Stützpunkte zu behaupten."⁴⁹⁵ Der Vorhut wurden je nach Bedarf auch schwere Waffen unterstellt, so heißt es in der *H. Dv. 200/5: Führung der Artillerie* von 1937: "Der Vorhut einer Infanteriedivision, die auf einer Straße marschiert [...] wird im allgemeinen eine leichte Abteilung unterstellt (Vorhutartillerie)."⁴⁹⁶

X-Zeit: Hierzu konnte leider keine zeitgenössische Beschreibung gefunden werden. Aus dem Kontext geht hervor, dass es die Aufgabe der X-Zeit ist die Zeitangaben in Nachrichten zu verschlüsseln. Dementsprechend liegt es nahe, dass es sich bei der X-Zeit um einen Referenzwert handelte, der zu allen Zeitangaben bei verschlüsselten Nachrichten hinzu- oder abgerechnet wurde, ähnlich wie Stoßlinien-Verfahren mit Karten (siehe Glossar: Stoßlinie). Möglich wäre auch, dass es eine komplexere Form der Umrechnung handelt, zum Beispiel eine Tabelle oder Formel, allerdings scheint dies aufgrund des Namens eher unwahrscheinlich.

Zielgevierttafel: Eine Zielgevierttafel war eine durchsichtige Tafel mit eingezeichneten Gitternetz. Hier zu die *H. Dv. 200/6: Ausbildungsvorschrift für die Artillerie: Schießvorschrift* von 1937: „Die Zielgevierttafel ist für Karten jeden Maßstabes verwendbar. Sie hat den Zweck, die Zielbezeichnung auf Karten ohne Gitternetz zu erleichtern und die Angabe des Ziels, z. B. im Funkverkehr, auch bei Karten mit Gitternetz zu tarnen. Sie wird so auf die Karte gelegt, daß die an ihrem Rand befindlichen Pfeilstriche den Himmelsrichtungen der Karte entsprechen."⁴⁹⁷

---

⁴⁹⁴ Haas, Walter: *Soldatenlexikon. Ein Merkbuch für den Infanteriedienst.* Franckh'sche Verlagshandlung: Stuttgart, o.J., S. 163.
⁴⁹⁵ *H. Dv. 300/1: Truppenführung (T.F.) I. Teil.* E. S. Mittler & Sohn: Berlin, 1936 (17. Oktober 1933), S. 88.
⁴⁹⁶ *H. Dv. 200/5: Ausbildungsvorschrift für die Artillerie. Heft 5: Die Führung der Artillerie.* E. S. Mittler & Sohn: Berlin 1937, S. 82.
⁴⁹⁷ *H. Dv. 200/6: Ausbildungsvorschrift für die Artillerie: Heft 6: Schießvorschrift.* Neudruck mit den eingearbeiteten Deckblättern 1-116. Entwurf. Verlag E. S. Mittler & Sohn: Berlin, 1937, S. 70.

Zug: Militärische Einheit unterhalb der Kompanie oder Batterie. Bei der Panzerwaffe war die Zugstärke (Soll) während des Krieges meist 4 oder 5 Panzer, allerdings gab es auch Gliederungen von Zügen mit 3 Panzern. Bei der Infanterie umfasste ein Zug in 1940 um die 50 Mann.[498]

Ein Sturmgeschütz-Zug umfasste 1940 bis 1942 2 Sturmgeschütze, mit November 1942 wurde eine Gliederung zu 3 Sturmgeschützen pro Zug eingeführt.[499] Im Juni 1944 wurde eine Gliederung mit einer Sollstärke 4 Sturmgeschützen eingeführt.[500] Eine Ausnahme waren die Panzer-Sturmgeschütz-Kompanien, hier handelte es sich um Sturmgeschütze, die den Panzertruppen unterstanden, in diesem Fall wurde eine Zugstärke (Soll) von 5 Sturmgeschützen statt 5 Panzern beibehalten.[501] Siehe auch: Sturmgeschütz-Zug.

Zugstern: Siehe Stern (Funk).

Zünderstellschlüssel / Zünderschlüssel: Der Zünderstellschlüssel war ein Gerät mit welchen die Zünder der Munition eingestellt werden konnten, so zum Beispiel mit oder ohne Verzögerung.[502]

---

[498] Zimmermann, Bodo: *Die Gruppe der Schützenkompanie zu 12 Gruppen. Lehrbeispiele und Aufgaben für den Unterführer der aktiven Truppe, der Reserve und der Landwehr.* 16. Auflage der (neuen) Gruppe. Kriegsausgabe 1940. Verlag „Offene Worte": Berlin, 1940, S. 13-14.
[499] KStN 446a (1.11.1942). Siehe Glossar: Kriegsstärkenachweisung.
[500] KStN 446 (1.6.1944). Siehe Glossar: Kriegsstärkenachweisung.
[501] Jentz, Thomas L.: *Panzertruppen 2 – The Complete Guide to the Creation & Combat Employment of Germany's Tank Force – 1943-1945.* Schiffer Military History: Atglen, USA, 1996, p. 66-68.
[502] Siehe zum Beispiel: *H. Dv. 200/2f: Ausbildungsvorschrift für die Artillerie. Heft 2f: Ausbildung einer Batterie s.F.H 18 und s. 10 cm K. 18.* Verlag von E. S. Mittler & Sohn: Berlin, 1938, S. 44, sowie Berlin, Hugo: *Der Artillerist I. Der Kanonier.* Verlag „Offene Worte": Berlin, o.J., S. 230.

Fahrzeug(klassen)verzeichnis

Kfz. 1: Leichter geländegängiger Pkw

Leichter geländegängiger Personenkraftwagen (l. gl. Pkw.). Das Kfz. 1 war eine Variante des leichten Einheits-PKW der Wehrmacht für den Personaltransport. Das Kfz. 1 verfügte über vier Türen und eine Rückbank.[503]

Technische Angaben:[504]

Hubraum:	2000 cm^3
Höchstleistung:	45 PS
Eigengewicht, betriebsfertig:	1700 kg
Gefechtsgewicht:	2200 kg

Kfz. 2/40: Kleiner Instandsetzungswagen

Kleiner Instandsetzungskraftwagen (kl. Inst. Kw.). Das Kfz. 2/40 war eine Variante des leichten Einheits-PKW der Wehrmacht für die Instandsetzung. Das Fahrzeug hatte eine Ausstattung um leichte Reparaturen durchzuführen.[505]

Technische Angaben:[506]

Hubraum:	bis 3000 cm^3
Höchstleistung:	bis 45 PS
Eigengewicht, betriebsfertig:	1750 kg
Gefechtsgewicht:	2200 kg

---

[503] Vollert, Jochen: *Einheits-PKW leicht - mittel -schwer. Die Einheits-PKW im Dienste der Wehrmacht.* Tankograd Publishing: Erlangen, 2017, S. 6-7.

[504] Seifert, Walter E.: *Die Einheits-Pkw der deutschen Wehrmacht.* Podzun-Pallas-Verlag: Wölfersheim-Berstadt, 2003, S. 9.

[505] Vollert, Jochen: *Einheits-PKW leicht - mittel -schwer. Die Einheits-PKW im Dienste der Wehrmacht.* Tankograd Publishing: Erlangen, 2017, S. 6-7.

[506] Seifert, Walter E.: *Die Einheits-Pkw der deutschen Wehrmacht.* Podzun-Pallas-Verlag: Wölfersheim-Berstadt, 2003, S. 9.

Kfz. 4: Truppenluftschutzwagen

Truppenluftschutzkraftwagen (Tr. Luftsch. Kw.). Das Kfz. 4 war eine Variante des leichten Einheits-PKW der Wehrmacht für die Flugabwehr. Das Fahrzeug war mit zwei MG 34 ausgestattet.[507]

Technische Angaben:[508]

Hubraum:	bis 2000 cm³
Höchstleistung:	bis 45 PS
Eigengewicht, betriebsfertig:	1800 kg
Gefechtsgewicht:	2200 kg

Kfz. 15: Nachrichtenkraftwagen, etc.

Nachrichtenkraftwagen (Nachr. Kw.), Funkkraftwagen (Fu. Kw.), Fernsprechkraftwagen oder Feldfernkabelkraftwagen, hierbei ist zu berücksichtigen, dass es auch Funkkraftwagen mit den Nummern 14, 17, etc. gab.[509] Beim Kfz. 15 handelte es sich wohl um mehrere Varianten des mittleren Einheits-PKW der Wehrmacht. Während Jochen Vollert zwei auflistet, finden sich bei Reinhard Frank vier Varianten.[510] Je nach Einsatzgebiet war er mit Feldfernsprecher, Funkausrüstung oder ähnlichem Gerät ausgestattet.[511] Nachdem in der Gefechtsgliederung einer Sturmgeschütz-Batterie auf Seite 39 (Seite 23 im Original) bei den Besatzungen meist ein Funker oder zumindest Funkwart angegeben ist, dürfte es sich in der Sturmgeschütz-Batterie wohl um den Funkkraftwagen gehandelt haben.

---

[507] Vollert, Jochen: *Einheits-PKW leicht - mittel -schwer. Die Einheits-PKW im Dienste der Wehrmacht.* Tankograd Publishing: Erlangen, 2017, S. 6-7.

[508] Seifert, Walter E.: *Die Einheits-Pkw der deutschen Wehrmacht.* Podzun-Pallas-Verlag: Wölfersheim-Berstadt, 2003, S. 9.

[509] Frank, Reinhard: *Lastkraftwagen der Wehrmacht deutsche und erbeutete Radfahrzeuge im Einsatz. Technik - Anstrich - Abzeichen - Zubehör. Geschichte und Gliederung der Nachschubtruppen.* Podzun-Pallas-Verlag: Friedberg, 1992, S. 187-189.

[510] Frank, Reinhard: *Lastkraftwagen der Wehrmacht deutsche und erbeutete Radfahrzeuge im Einsatz. Technik - Anstrich - Abzeichen - Zubehör. Geschichte und Gliederung der Nachschubtruppen.* Podzun-Pallas-Verlag: Friedberg, 1992, S. 187.

[511] Vollert, Jochen: *Einheits-PKW leicht - mittel -schwer. Die Einheits-PKW im Dienste der Wehrmacht.* Tankograd Publishing: Erlangen, 2017, S. 27-28.

Technische Angaben:[512]

Hubraum:	bis 3600 cm^3
Höchstleistung:	bis 80 PS
Eigengewicht, betriebsfertig:	2600 kg
Gefechtsgewicht:	3300 kg

Lkw.

Bei den Lastkraftwagen in der Wehrmacht herrschte ein große Hersteller- und Typenvielfalt, dies war bereits vor dem Krieg ein Problem. Durch den Krieg verschärfte sich die Lage, durch eine große Anzahl von Beutefahrzeugen.[513] Die Abkürzungen sind wie folgt:

l. Lkw.: Leichter Lastkraftwagen.

l. gl. Lkw.: Leichter geländegängiger Lastkraftwagen.

m. Lkw.: Mittlerer Lastkraftwagen.

m. gl. Lkw.: Mittlerer geländegängiger Lastkraftwagen.

Das Kürzel „(o)" stand für handelsübliche Lastkraftwagen.[514]

Sd. Ah. 32/1 („Sd. K. 32/1")

In der Gefechtsgliederung einer Sturmgeschütz-Batterie auf Seite 39 (Seite 23 im Original) findet sich der Begriff „Sd.-K.32/1". Hierbei müsste es sich jedoch um „Sd. Ah. 32/1" handeln, da der Sonder-Anhänger 32/1 für den Transport von 7,5 cm Munition für die Sturmkanone 37 (L/24) benutzt wurde.[515] Der Anhänger wurde laut den Allgemeinen Heeresmitteilungen als Geräteklasse „K" klassifiziert, eventuell kam es hier zu einer Verwechslung.[516]

---

[512] Seifert, Walter E.: *Die Einheits-Pkw der deutschen Wehrmacht*. Podzun-Pallas-Verlag: Wölfersheim-Berstadt, 2003, S. 22.

[513] Frank, Reinhard: *Lastkraftwagen der Wehrmacht deutsche und erbeutete Radfahrzeuge im Einsatz. Technik - Anstrich - Abzeichen - Zubehör. Geschichte und Gliederung der Nachschubtruppen*. Podzun-Pallas-Verlag: Friedberg, 1992, S. 25.

[514] Erdmann, Holger: *Mittlere geländegängige Lastkraftwagen (o) der Reichswehr und Wehrmacht*. Nuts & Bolts: Neumünster, 2014, S. 2.

[515] Kfz. der Wehrmacht: Anhänger (1 achs.) für Munition (7,5 cm) (Sd. Ah. 32/1) http://www.kfzderwehrmacht.de/Hauptseite_deutsch/Anhanger/Sonder-Anhanger/Sd__Ah__32-1/sd_ah__32-1.html, letzter Zugriff: 3. Januar 2023.

[516] Oberkommando des Heeres, Abt. für Allg. Truppenangelegenheiten, *Allgemeine Heeresmitteilungen*, 7. Jahrgang, 24. Ausgabe, 21. Oktober 1941, Berlin 1941. S. 467.

Sd. Kfz. 142: Sturmgeschütz III

Beim Sonderkraftfahrzeug 142 (später 142/1) handelt es sich um das Sturmgeschütz III. Das Sturmgeschütz III basiert auf dem Panzer III. Die Sturmgeschütze Ausführung A bis E waren mit der kurzen 7,5 cm Kanone (L/24[517]) ausgestattet. Die Ausführungen F bis G waren hingegen mit der langen 7,5 cm Kanone (L/43 und L/48) ausgestattet. Die ursprüngliche Rolle des Sturmgeschützes war die Unterstützung der Infanterie (siehe hierzu besonders Ergänzung 3), jedoch wandelte sich im Lauf des Krieges die Aufgabe mehr und mehr zum Einsatz als Panzerjäger. Durch die niedrige Silhouette, der langen 7,5 cm Kanone (ab Ausführung F) und der verhältnismäßig starken Frontpanzerung im Vergleich zum Panzer III war es gut zur Bekämpfung von Panzern geeignet.

Technische Angaben für Ausführung C bis E:[518]

Länge (ohne überstehende Kanone):	5,40 m
Länge (mit überstehender Kanone):	5,40 m
Breite:	2,95 m
Höhe:	1,95 m
Gefechtsgewicht:	22000 kg
Treibstoffvorrat:	310 Liter
Höchstgeschwindigkeit:	40 km/h
Durchschnittliche Straßengeschwindigkeit:	20 km/h
Durchschnittliche Geländegeschwindigkeit	12-15 km/h
Höchstleistung (bei 2600 Umdrehungen / min):	265 PS
Motor:	Maybach HL 120 TRM V-12 wassergekühlt

Technische Angaben für Ausführung G:[519]

Länge (ohne überstehende Kanone):	5,40 m
Länge (mit überstehender Kanone):	6,14 m
Breite:	2,95 m
Höhe:	2,16 m
Gefechtsgewicht:	23900 kg
Treibstoffvorrat:	310 Liter
Höchstgeschwindigkeit:	40 km/h

---

[517] Lauflänge entsprach 24 mal der Kaliberlänge.
[518] Doyle, Hilary L.; Jentz, Thomas L.: *Panzer Tracts No.8: Sturmgeschuetz. s.Pak to Sturmmoerser*. Darlington Productions: Darlington, Maryland, USA, 1999, p. 8-10.
[519] Doyle, Hilary L.; Jentz, Thomas L.: *Panzer Tracts No.8: Sturmgeschuetz. s.Pak to Sturmmoerser*. Darlington Productions: Darlington, Maryland, USA, 1999, p. 8-35.

Durchschnittliche Straßengeschwindigkeit: 20 km/h
Durchschnittliche Geländegeschwindigkeit 12-15 km/h
Höchstleistung (bei 2600 Umdrehungen / min): 265 PS
Motor: Maybach HL 120 TRM V-12 wassergekühlt

Ab wann wurde das Sturmgeschütz III als Sd. Kfz. 142/1 bezeichnet?

Spätere Varianten des Sturmgeschützes wurden laut der Literatur mit Sd. Kfz. 142/1 bezeichnet, allerdings scheint hier keine Einigkeit zu bestehen. Bei Jentz und Doyle wird erst ab dem Sturmgeschütz Ausführung G Sd. Kfz. 142/1 benutzt,[520] wohingegen Spielberger schreibt, dass Sturmgeschütze ab Ausführung F mit Sd. Kfz. 142/1 bezeichnet wurden.[521] Für Jentz und Doyle würde sprechen, dass die Sturmhaubitze mit Sd. Kfz 142/2 bezeichnet wurde und erst mit dieser die Unterscheidung eingeführt wurde. Welche Angabe korrekt ist müsste man durch eine Sichtung von Primärquellen klären. Ebenso ist es möglich, dass beide Angaben korrekt sind, da die Einheitlichkeit der Bezeichnungen nicht immer gegeben war, siehe zum Beispiel im Glossar: Batteriechef.

---

[520] Doyle, Hilary L.; Jentz, Thomas L.: *Panzer Tracts No.8: Sturmgeschuetz. s.Pak to Sturmmoerser*. Darlington Productions: Darlington, Maryland, USA, 1999, p. 8-26.

[521] Spielberger, Walter J.; Doyle, Hilary L.: *Sturmgeschütze. Entwicklung und Fertigung der sPaK*. Motorbuch Verlag: Stuttgart, 2014, S. 68. Ähnlich: Müller, Peter; Zimmermann, Wolfgang: *Assault Gun III. Backbone of the German Infantry. Volume I, History: Development, Production and Deployment*. Müller History Facts: Andelfingen, 2009, p. 132.

Abbildung 17: Sturmgeschütz mir kurzer 7,5 cm Kanone („Stummel") 1942. (Bundesarchiv, Bild 183-J21826 / CC-BY-SA 3.0, CC BY-SA 3.0 DE)

Abbildung 18: Sturmgeschütz Ausführung G mit langer 7,5 cm Kanone 1945. (NARA, NAID: 292586.)

Sd. Kfz. 230/6

Hierbei handelt es sich wohl um einen Schreib- bzw. Kopierfehler auf den Seiten 37 und 39 (Seite 21 und 23 im Original). Das erste Fahrzeug von drei ist jeweils mit „Sd.-Kfz. 250/6" beschriftet, die beiden folgenden jeweils mit „Sd.-Kfz. 230/6". Die Besatzungsbeschreibungen und Ausstattung mit den Anhänger ist allerdings in allen Fällen identisch. Ebenso konnte der Autor kein Sd. Kfz. 230 finden. Vollständigkeitshalber sein angemerkt, dass es ein Sd. Kfz. 231 gab. Hierbei handelte es sich jedoch um einen schweren Panzerspähwagen mit 8 Rädern und 4 Mann Besatzung. Einen solchen Panzerspähwagen mit einem Anhänger auszustatten und mit nur 2 Mann zu besetzen scheint äußerst unzweckmäßig und kann daher ausgeschlossen werden, von daher siehe Sd. Kfz. 250/6.

Sd. Kfz. 250/6

Beim Sonderkraftfahrzeug 250/6 handelte es sich um eine Variante des Halbkettenfahrzeuges Sonderkraftfahrzeug 250 für den Transport für die Munition von Sturmgeschützen. Es war auch als leichter Munitionspanzerwagen bekannt. Im Gegensatz zu den meisten anderen Varianten des Sonderkraftfahrzeuges 250, hatte das 250/6 eine Besatzung von nur 2 Mann. Im Vergleich dazu hatte das 250/1 für den Transport von Schützen eine 6 Mann Besatzung.[522]

Es gab mehrere Untervarianten des 250/6. Die Ausführung A war für die Versorgen der Sturmkanone mit kurzem Lauf ausgestattet und konnte 70 Granaten transportieren. Ausführung B versorgte Sturmgeschütze mit der Sturmkanone 40 mit langen Lauf, es transportierte bis zu 60 Granaten. Ebenso wie die Variante 250/1 war das 250/6 mit einem MG mit Panzerschild ausgestattet, wie auf Abbildung 19 zu sehen ist.[523]

---

[522] Doyle, Hilary L.; Jentz, Thomas L.: *Panzer Tracts No.15-1: Leichter Schuetzenpanzerwagen (Sd.Kfz.250) Ausf.A & B. History of Production, Variants, Organization, and Employment in Action from 1941 to 1945.* Panzer Tracts: Boyds, Maryland, USA, 2008, p. 15-1-1, 15-1-19.

[523] Doyle, Hilary L.; Jentz, Thomas L.: *Panzer Tracts No.15-1: Leichter Schuetzenpanzerwagen (Sd.Kfz.250) Ausf.A & B. History of Production, Variants, Organization, and Employment in Action from 1941 to 1945.* Panzer Tracts: Boyds, Maryland, USA, 2008, p. 15-1-38.

Technische Angaben:[524]

Länge:	4,560 m
Breite:	1,945 m
Höhe:	1,660 m
Gefechtsgewicht:	5800 kg
Treibstoffvorrat:	140 Liter
Höchstgeschwindigkeit:	65 km/h
Durchschnittliche Straßengeschwindigkeit:	30-45 km/h
Durchschnittliche Geländegeschwindigkeit	keine Angabe
Höchstleistung (bei 2800 Umdrehungen / min):	100 PS
Motor:	Maybach HL 42 TRKM 6 Zylinder wassergekühlt

Abbildung 19: Schützenpanzerwagen Sd. Kfz. 251/1, 1943. (Bundesarchiv, Bild 101I-236-1036-31 / Falk / CC-BY-SA 3.0, CC BY-SA 3.0 DE)

---

[524] Doyle, Hilary L.; Jentz, Thomas L.: *Panzer Tracts No.15-1: Leichter Schuetzenpanzerwagen (Sd.Kfz.250) Ausf.A & B. History of Production, Variants, Organization, and Employment in Action from 1941 to 1945*. Panzer Tracts: Boyds, Maryland, USA, 2008, p. 15-1-19.

Abkürzungsverzeichnis

Bes.	Besatzung
Battr.	Batterie
Erk.	Erkundung
F.	Fahrer / Führer
Fu.	Funker
Führ.	Führer
Gep.-Tr.	Gepäcktross
Gesch.	Geschütz
gl.	geländegängig
Hauptwm.	Hauptwachtmeister
I.G.	Infanteriegeschütz
I.	Instandsetzung
J.	Instandsetzung (ein großes „i" wurde meist als großes „j" geschrieben)
l.	leichter / leichte
m.	mittlerer / mittlere
Muni.	Munition
Kan.	Kanonier
Krad	Kraftrad
Offz.	Offizier
Pz.	Panzer
Uffz.	Unteroffizier
San.	Sanitäts / Sanitäter
Schütz.	Schützen

Schl.	Schlosser
Sd.	Sonder
Stgsch.	Sturmgeschütz
z.b.V.	zur besonderen Verwendung
zg./zgl./zugl.	zugleich
Zgkw.	Zugkraftwagen

Bibliographie

Quellenverzeichnis

Altrichter, Friedrich: *Der Reserveoffizier. Ein Handbuch für den Offizier und Offizieranwärter des Beurlaubtenstandes aller Waffen.* Vierzehnte, durchgesehene Auflage. Verlag von E. S. Mittler & Sohn: Berlin, 1941.

BArch, RH 1/259: *H.Dv. g. 80: Richtlinien für Führung und Einsatz der Infanterie-Division (mot.) vom 27. Januar 1941.* OKW: Berlin, 1941.

BArch, RH 1/767: *H.Dv. 105/2: Das leichte Infanterie-Geschütz 18. Gerätebeschreibung.* 1936.

BArch, RH 1/1138: Chef der Heeresleitung/Oberbefehlshaber des Heeres/Veröffentlichungen/Heeres-Druckvorschriften: *H. Dv. 200/2m Ausbildungsvorschrift für die Artillerie. Heft 2m: Vorläufige Ausbildungsanweisung für die Sturmbatterie,* 24.08.1940.

BArch, RH 1/1139: Chef der Heeresleitung/Oberbefehlshaber des Heeres/Veröffentlichungen/Heeres-Druckvorschriften: *H.Dv. 200/2m Ausbildungsvorschrift für die Artillerie. Heft 2m: Die Sturmgeschützbatterie,* 07.09.1942.

BArch, RH 1/1217: *H. Dv. 130/20: Ausbildungsvorschrift für die Infanterie. Heft 20. Die Führung des Grenadier-Regiments.* Vom 21. 3. 1945. Verlage „Offene Worte": Berlin, 1945.

BArch, RH 2/1386: OKH/Generalstab des Heeres/Heeresorganisationsabteilung (T2): *Motorisierung sowie Ausstattung der Truppe mit Waffen und Gerät,* 1936.

BArch, RH 2/3565: Oberkommando des Heeres/Generalstab des Heeres/Organisationsabteilung, *Besondere Anlage 2A zum Mob. Plan (Heer).- Zahlenangaben Teil 1: Kopfzahlen - Soll an Tieren, Fahrzeugen, Kraftfahrzeugen, gültig vom 1. März 1939 - 31. März 1940.*

BArch, RH 11-III/33: *Grund- und Mustergliederungen der Hauptarten der fechtenden Truppen, mit handschriftlichen Ergänzungen zu den Pioniereinheiten.*

BArch, RH 11-II/46: *Merkblätter für Artillerie Nr. 34.- Richtlinien für den Einsatz der Sturmgeschütz-Einheiten, 27.4.1942.*

BArch, RH 11-II/66: General der Artillerie/Amtsdrucksachen/Merkblätter: Merkblatt 27b/57: Richtlinien für den Einsatz von Sturmgeschützen im Rahmen einer Infanterie-Division, 9.10.1943 unveränderter Nachdruck Sept. 1944.

BArch, RH 11-I/83: *Merkblatt 25a/16: Vorläufiges Merkblatt „Der M.P.-Zug der Grenadier-Kompanie", 1.2.1944.*

BArch, RH 53-7/206: *Wehrkreiskommando VII (München)/Abteilung Ia (Führungsgruppe)/Beziehungen zum Feldheer/Ausbildungserfahrungen, Einsatzerfahrungen, Besichtigungs-bemerkungen des Kommandierenden Generals, sowie Erfahrungsberichte des Feldheeres, Sept. 1939 - Okt. 1942.*

BArch, RW 4/1342: *Merkblatt 69/2: Bandenbekämpfung (Gültig für alle Waffen) vom 6.5.1944.* OKW, 1944.

BArch, RW 4/1341: *Kampfanweisung für die Bandenbekämpfung im Osten, 11.11.1942.* OKW, 1942.

Berlin, Hugo: *Der Artillerist I. Der Kanonier.* Verlag „Offene Worte": Berlin, o.J.,

Berlin, Wilhelm: *Waffenlehre-Fibel (Wa. Fi.).* Verlag „Offene Worte": Berlin, o.J.

Bieringer: *Nachschubfibel.* Zweite verbesserte Auflage. Verlag „Offene Worte", Berlin, 1938.

CAMO, Fond 500, Opis 12454, Delo 332: *Unterlagen des Ia der Heeresgruppe Mitte: Merkblatt zur Ausbildung von Panzerzerstörungstrupps, 22.10.1941-30.06.1942.*

CAMO, Fond 500, Opis 12480, Delo 137: *Übersetzte Beutedokumente zu Panzertruppen, Sturmgeschützen und zur Panzerabwehr, Verhöre deutscher Kriegsgefangener, Ausbildungsmaterial, Merkblätter u.a., 28.01.1941-13.03.1945.*

Deutsch, Fr. W.: *Waffenlehre. Kurzgefaßtes Lehr- und Nachschlagebuch der neuzeitlichen Bewaffnung.* Zweite, völlig neubearbeitete und erweiterte Auflage. Verlag E. S. Mittler & Sohn: Berlin, 1939.

Franke, Hermann: *Handbuch der neuzeitlichen Wehrwissenschaften. Erster Band: Weltpolitik und Kriegführung.* Verlag von Walter de Gruyter & Co.: Berlin und Leipzig, 1936.

Franke, Hermann: *Handbuch der neuzeitlichen Wehrwissenschaften. Zweiter Band: Das Heer.* Verlag von Walter de Gruyter & Co.: Berlin und Leipzig, 1937.

Gesterding, Schwatlo; Feyerabend, Hans-Joachim: *Unteroffizierthemen. Ein Handbuch für den Unteroffizierunterricht. Fünfte, neubearbeite Auflage.* E. S. Mittler & Sohn: Berlin, 1938.

Gesterding, Schwatlo; Feyerabend, Hans-Joachim: *Unteroffizierthemen. Ein Handbuch für den Unteroffizierunterricht. Siebente, neubearbeite Auflage.* E. S. Mittler & Sohn: Berlin, 1943.

Kauffmann, Kurt: *Panzerkampfwagenbuch.* 2. Verbesserte und erweitere Auflage, 1940. Reprint: Melchior Historischer Verlag: Wolfenbüttel, 2014.

Kruse, Kurt: *Artilleristischer Ratgeber auf dem Gefechtsfeld.* 8. neubearbeitete Auflage. Barbara-Verlag Hugo Weiler, München, 1942.

Kühlwein, Fritz: *Die Gruppe im Gefecht. (Die neue Gruppe).* E. S. Mittler & Sohn: Berlin, 1940.

H. Dv. 130/2a: *Ausbildungsvorschrift für die Infanterie. Heft 2a. Die Schützenkompanie.* Verlag „Offene Worte", Berlin, 16. März 1941.

H. Dv. 130/9: *Ausbildungsvorschrift für die Infanterie. Heft 9. Führung und Kampf der Infanterie. Das Infanterie-Bataillon.* Verlag „Offene Worte", Berlin, 18. Januar 1940.

H. Dv. 200/2f: *Ausbildungsvorschrift für die Artillerie. Heft 2f: Ausbildung einer Batterie s.F.H 18 und s. 10 cm K. 18.* Verlag von E. S. Mittler & Sohn: Berlin, 1938.

H. Dv. 200/5: *Ausbildungsvorschrift für die Artillerie. Heft 5: Die Führung der Artillerie.* Nachdruck mit Berichtigung gem. HVBl. 40 Teil C Ziffer 515. E. S. Mittler & Sohn: Berlin, 1941.

H. Dv. 200/6: *Ausbildungsvorschrift für die Artillerie: Heft 6: Schießvorschrift.* Neudruck mit den eingearbeiteten Deckblättern 1-116. Entwurf. Verlag E. S. Mittler & Sohn: Berlin, 1937.

H. Dv. 272: Muster für taktische Zeichen des Heeres. Vom 23. Mai 1943. Unveränderter Nachdruck 1944. OKH: 1943.

H. Dv. 298/3a: Ausbildungsvorschrift für die Panzertruppe. Führung und Kampf der Panzergrenadiere. Heft 1: Das Panzergrenadier-Bataillon (gp.). 5.8.1944. OKH: 1944.

H. Dv. 300/1: Truppenführung (T.F.) I. Teil. E. S. Mittler & Sohn: Berlin, 1936 (17. Oktober 1933).

H. Dv. 316: Pionierdienst aller Waffen. Nachdruck 1936. Vom 11. 2. 1935. Verlag E.S. Mittler & Sohn: Berlin, 1936 (11. 2. 1935).

H. Dv. 470/1: Ausbildungsvorschrift für die Panzertruppe. Heft 1. Verlag „Offene Worte", Berlin, 2. Oktober 1938.

H. Dv. 470/6: Ausbildungsvorschrift für die Panzertruppe. Heft 6: Die leichte Panzerkompanie. Ernst Siegfried Mittler und Sohn, Berlin, 2. September 1940.

H. Dv. 470/7: Ausbildungsvorschrift für die Panzertruppe. Heft 7: Die mittlere Panzerkompanie. Reichsdruckerei, Berlin, 1. Mai 1941.

H. Dv. 471: Handbuch für Kraftfahrer. Achte, völlig neubearbeitete Auflage. Unveränderter Nachdruck 1942. E. S. Mittler & Sohn, Berlin, 1939.

H. Dv. 472: Kraftfahrvorschrift für alle Waffen. Verlage „Offene Worte", Berlin, 1938.

Haas, Walter: *Soldatenlexikon. Ein Merkbuch für den Infanteriedienst.* Franckh'sche Verlagshandlung: Stuttgart, o.J.

Merkblatt 47a/29: Merkblatt für Ausbildung und Einsatz der schwere Panzerkompanie Tiger, 20.5.1943.

Oberkommando des Heeres, Abt. für Allgemeine Truppenangelegenheiten, *Allgemeine Heeresmitteilungen,* 7. Jahrgang, 24. Ausgabe, 21. Oktober 1941, Berlin 1941.

Oberkommando der Kriegsmarine: *Marineverordnungsblatt.* 69. Jahrgang. Heft 23. 1. September 1938. E. S. Mittler & Sohn: Berlin, 1938.

Oberkommando der Kriegsmarine: *Marineverordnungsblatt*. 73. Jahrgang. Heft 26. 15. Juli 1942. E. S. Mittler & Sohn: Berlin, 1942.

Reibert, Wilhelm: *Der Dienstunterricht im Heere. Ausgabe für den Schützen der Schützenkompanie. Zwölfte, völlig neubearbeitete Auflage*. Jahrgang 1940. Verlag von E. S. Mittler & Sohn: Berlin, 1940. Reprint by The Naval & Military Press Ltd.

Reibert, Wilhelm: *Der Dienstunterricht im Heere. Ausgabe für den Schützen der Schützenkompanie. Dreizehnte, völlig neubearbeitete Auflage*. Jahrgang 1943. Verlag von E. S. Mittler & Sohn: Berlin, 1943.

von Ordarza: *Taschenbuch der leichten Artillerie (früher „Leichte Artillerie-Fibel")*. 10. Auflage, Verlag „Offene Worte": Berlin, 1939.

v. Witzleben: *Kurzer Abriß der Taktik*. 2. verbesserte Auflage der „Taktikfibel". Verlag „Offene Worte": Berlin, 1940/41.

Zimmermann, Bodo: *Die Gruppe der Schützenkompanie zu 12 Gruppen. Lehrbeispiele und Aufgaben für den Unterführer der aktiven Truppe, der Reserve und der Landwehr*. 16. Auflage der (neuen) Gruppe. Kriegsausgabe 1940. Verlag „Offene Worte": Berlin, 1940.

Zimmermann, Bodo: *Infanteriedienst. Für den Einzelschützen der aktiven Truppe, der Reserve und der Landwehr*. 18. Auflage (Kriegsausgabe) der „Soldatenfibel". Verlag „Offene Worte": Berlin, 1940.

Literaturverzeichnis

Beiersdrof, Horst: *Kfz-Anhänger der Wehrmacht 1935-1945. Waffenarsenal 145*. Podzun-Pallas-Verlag: Friedberg (Dorheim), 1994.

Chamberlain, Peter; Doyle, H. L.: *Encyclopedia of German Tanks of World War Two: A Complete Illustrated Directory of German Battle tanks, Armoured Cars, Self-propelled Guns, and Semi-tracked Vehicles, 1933-1945*, revised edition, London 1993.

Condell, Bruce (ed.); Zabecki, David T. (ed.): *On the German Art of War. Truppenführung*. Stackpole Books: Mechanicsburg, PA, USA, 2009 (2001).

Doyle, Hilary L.; Jentz, Thomas L.: *Panzer Tracts No.7-1: Panzerjaeger (3.7 cm Tak to Pz.Sfl.Ic) development and employment from 1927 to 1941*. Panzer Tracts: Boyds, Maryland, USA, 2004.

Doyle, Hilary L.; Jentz, Thomas L.: *Panzer Tracts No.8: Sturmgeschuetz. s.Pak to Sturmmoerser*. Darlington Productions: Darlington, Maryland, USA, 1999.

Doyle, Hilary L.; Jentz, Thomas L.: *Panzer Tracts No.15-1: Leichter Schuetzenpanzerwagen (Sd.Kfz.250) Ausf.A & B. History of Production, Variants, Organization, and Employment in Action from 1941 to 1945*. Panzer Tracts: Boyds, Maryland, USA, 2008.

Epkenhans, Michael; Zimmermann, John: *Die Wehrmacht - Krieg und Verbrechen*. Reclam: Ditzingen, 2019.

Erdmann, Holger: *Mittlere geländegängige Lastkraftwagen (o) der Reichswehr und Wehrmacht*. Nuts & Bolts: Neumünster, 2014.

Frank, Reinhard: *Lastkraftwagen der Wehrmacht deutsche und erbeutete Radfahrzeuge im Einsatz. Technik - Anstrich - Abzeichen - Zubehör. Geschichte und Gliederung der Nachschubtruppen*. Podzun-Pallas-Verlag: Friedberg, 1992.

Grassi, Ernesto (Hrsg.): von Clausewitz, Carl: *Vom Kriege*. Rowohlt: Hamburg, 2005.

Groß, Gerhard P.: *Mythos und Wirklichkeit: Die Geschichte des operativen Denkens im deutschen Heer von Moltke d. Ä. bis Heusinger*. Zeitalter der Weltkriege, Band 9. Ferdinand Schönigh: Paderborn, 2012.

Hahn, Fritz: *Waffen und Geheimwaffen des deutschen Heeres 1933-1945. Band 1*. Dörfler Verlag: Eggolsheim, o.J.

Hahn, Fritz: *Waffen und Geheimwaffen des deutschen Heeres 1933-1945. Band 2*. Dörfler Verlag: Eggolsheim, o.J.

Hartmann, Christian; Hürter, Johannes; Jureit, Ulrike: *Verbrechen der Wehrmacht: Bilanz einer Debatte*. 2. Auflage, Beck: München, 2014.

Hartmann, Christian: *Wehrmacht im Ostkrieg. Front und militärisches Hinterland 1941/42*. De Gruyter Oldenbourg: München, 2010.

Heuser, Beatrice: *Clausewitz lesen! Eine Einführung.* R. Oldenbourg Verlag, München, 2010.

Hoppe, Henry: *Open Blitz. 3-Tonner. Der berühmteste LKW der Wehrmacht und seine Abarten.* Tankograd Publishing: Erlangen, 2016.

Jentz, Thomas L.: *Panzertruppen 1 – The Complete Guide to the Creation & Combat Employment of Germany's Tank Force – 1933-1942.* Schiffer Military History: Atglen, USA, 1996.

Jentz, Thomas L.: *Panzertruppen 2 – The Complete Guide to the Creation & Combat Employment of Germany's Tank Force – 1943-1945.* Schiffer Military History: Atglen, USA, 1996.

Keilig, Wolf: *Das Deutsche Heer 1939-1945. Gliederung – Einsatz – Stellenbesetzung.* Verlag Hans-Henning Podzun: Bad Nauheim, 1956ff.

Koop, Andreas: *NSCI – Das visuelle Erscheinungsbild der Nationalsozialisten 1920-1945.* verlag hermann schmidt: Mainz, 2017.

Lieb, Peter: *Konventioneller Krieg oder NS-Weltanschauungskrieg? Kriegführung und Partisanenbekämpfung in Frankreich 1943/44.* Oldenbourg: München, 2007.

Müller, Rolf-Dieter; Volkmann, Hans-Erich: *Die Wehrmacht: Mythos und Realität.* Oldenbourg: München, Germany, 1999.

Mueller-Hillebrand, Burkhart: *Das Deutsche Heer 1933-1945. Band I. Das Heer bis zum Kriegsbeginn.* E. S. Mittler & Sohn: Frankfurt am Main, 1954.

Mueller-Hillebrand, Burkhart: *Das Deutsche Heer 1933-1945. Band II. Die Blitzfeldzüge 1939-1941. Das Heer im Kriege bis zum Beginn des Feldzuges gegen die Sowjetunion im Juni 1941.* E. S. Mittler & Sohn: Frankfurt am Main, 1956.

Mueller-Hillebrand, Burkhart: *Das Deutsche Heer 1933-1945. Band III. Der Zweifrontenkrieg. Das Heer vom Beginn des Feldzuges gegen die Sowjetunion bis zum Kriegsende.* E. S. Mittler & Sohn: Frankfurt am Main, 1969.

Müller, Peter; Zimmermann, Wolfgang: *Assault Gun III. Backbone of the German Infantry. Volume I, History: Development, Production and Deployment.* Müller History Facts: Andelfingen, 2009.

Niehorster, Leo W.G., *German World War II Organizational Series. Volume 1/I: Mechanized Army Divisions and Waffen-SS Units (1.09.1939)*, Milton Keynes, 2007.

Niehorster, Leo W.G., *German World War II Organizational Series. Volume 5/II: Higher Headquarters and Mechanized GHQ Units (4th July 1943)*, Milton Keynes, 2007.

Pöhlmann, Markus: *Der Panzer und die Mechanisierung des Krieges: Eine deutsche Geschichte 1890 bis 1945*. Ferdinand Schöningh: Paderborn, 2016.

Raths, Ralf: *Vom Massensturm zur Stoßtrupptaktik. Die deutsche Landkriegstaktik im Spiegel von Dienstvorschriften und Publizistik 1906 bis 1918*. Zentrum für Militärgeschichte und Sozialwissenschaften der Bundeswehr: Potsdam, 2019.

Scherzer, Veit: *Deutsche Truppen im Zweiten Weltkrieg. Band 1: Formationsgeschichte des Heeres und des Ersatzheeres 1939 bis 1945*, Teilband 1 A, Scherzers Militaer-Verlag, Ranis / Jena, 2007.

Scherzer, Veit: *Deutsche Truppen im Zweiten Weltkrieg. Band 1: Formationsgeschichte des Heeres und des Ersatzheeres 1939 bis 1945*, Teilband 1 B, Scherzers Militaer-Verlag, Ranis / Jena, 2007.

Seifert, Walter E.: *Die Einheits-Pkw der deutschen Wehrmacht*. Podzun-Pallas-Verlag: Wölfersheim-Berstadt, 2003.

Sigg, Marco: *Der Unterführer als Feldherr im Taschenformat. Theorie und Praxis der Auftragstaktik im deutschen Heer 1869 bis 1945*. Schöningh: Paderborn, 2014.

Spielberger, Walter J.; Doyle, Hilary L.: *Sturmgeschütze. Entwicklung und Fertigung der sPaK*. Motorbuch Verlag: Stuttgart, 2014.

Vego, Milan: *Clausewitz's Schwerpunkt. Mistranslated from German – Misunderstood in English*. In: Military Review, January-February 2007, p. 101-109.

Vollert, Jochen: *Einheits-PKW leicht - mittel -schwer. Die Einheits-PKW im Dienste der Wehrmacht*. Tankograd Publishing: Erlangen, 2017.

Webseiten

FunkerPortal: Was ist eigentlich BOS Funk?
https://www.funkerportal.de/page-bosfunk-index.html, letzter Zugriff: 31. Dezember 2022.

HUG Technik und Sicherheit GmbH: A – Z der Technik
https://www.hug-technik.com/inhalt/ta/woerterbuch_technik.html, letzter Zugriff: 3. Januar 2023.

Kfz. der Wehrmacht: Anhänger (1 achs.) für Munition (7,5 cm) (Sd. Ah. 32/1)
http://www.kfzderwehrmacht.de/Hauptseite_deutsch/Anhanger/Sonder-Anhanger/Sd__Ah__32-1/sd__ah__32-1.html, letzter Zugriff: 3. Januar 2023.

Wikipedia: Bundesheer (1. Republik).
https://de.wikipedia.org/wiki/Bundesheer_(1._Republik), letzter Zugriff: 3. Januar 2023.

Wikipedia: Sprechfunkverkehrsform.
https://de.wikipedia.org/wiki/Sprechfunkverkehrsform, letzter Zugriff: 31. Dezember 2022.

Weitere Bücher der

Military History Group
Footnotes or bust!

ACHTUNG PANZER?
Zur Panzerwaffe der Wehrmacht

ACHTUNG PANZER – Zur Panzerwaffe der Wehrmacht
Bernhard Kast (Hrsg.) und Christoph Bergs (Hrsg.)

Der Tagungsband zur Panzerkonferenz 2022 beinhaltet Beiträge von Dr. Roman Töppel, Dr. Jens Wehner, Bernhard Kast und Christoph Bergs.

„Die Panzerschlacht bei Dubno 1941" von Dr. Roman Töppel,

„Manstein versus Guderian, oder: Ist ein General der Infanterie ein besserer Panzergeneral? " von Dr. Roman Töppel,

„Waren deutsche Panzer zu teuer?" von Dr. Jens Wehner,

„Die Organisation der Panzerdivisionen 1939 und 1944 – Quantitative Analyse" von Bernhard Kast,

„Die Organisation der Panzerdivisionen 1939 und 1944 – Strukturelle Analyse" von Bernhard Kast,

„Die Entwicklung der unmittelbaren Luftunterstützungsstrukturen der Luftwaffe im Zweiten Weltkrieg" von Christoph Bergs.

Mehr Informationen auf: **http://panzerkonferenz.de/**

Panzerkonferenz 2022

Panzerkonferenz 2022
Bernhard Kast (Hrsg.) und Christoph Bergs (Hrsg.)
Real Time History GmbH (Ton/Schnitt)

Die audiovisuelle Aufzeichnung der Panzerkonferenz 2022, gefilmt im Bayerischen Armeemuseum Ingolstadt. In diesem vierstündigen Videopaket finden sich fünf spannende Vorträge mit anschließenden Fragerunden.

Die Aufzeichnung beinhaltet die folgenden Präsentationen:

„Organisation einer Panzerdivisionen 1939 zu 1944" von Bernhard Kast,

„Luftwaffenstrukturen der unmittelbaren Luftunterstützung" von Christoph Bergs,

„Waren deutsche Panzer zu teuer?" von Dr. Jens Wehner,

„Manstein versus Guderian, oder: Ist ein General der Infanterie ein besserer Panzergeneral? " von Dr. Roman Töppel,

„Der Tiger: Das Designobjekt" von Ralf Raths, Direktor Panzermuseum Munster.

Mehr Informationen auf: **http://pzkonf.de**

STURMZUG
Tactics of the German Assault Platoon 44

STURMZUG – Tactics of the German Assault Platoon 44 [Deutsch/Englisch]
Bernhard Kast and Christoph Bergs

STURMZUG – Tactics of the German Assault Platoon 44 is a must-read for anyone interested in World War 2 combat and tactics. Centered around the assault platoon equipped with the iconic Sturmgewehr 44, the documents included in this book include never before published information on Wehrmacht infantry tactics.

This book includes the original tactics for the attack, the defense, retreat, firefight and the assault with hand grenades by the Assault Platoon. Carefully recreated illustrations of the original documents provide easy to read visual representations of firing stances, unit formations and maps. Together with supplementary information drawn from German pamphlets and regulations, this provides a rich comprehension of German unit-based tactics straight from the original documents.

Presenting a side-by-side German-English translation, this book was carefully edited to remain true to the original documents in both content and layout.

Mehr Informationen auf: **http://sturmzug.com**

PANZER
The Medium Tank Company 1941

PANZER - The Medium Tank Company 1941 [Deutsch/Englisch]
Bernhard Kast and Christoph Bergs

PANZER - The Medium Tank Company 1941 is a faithfully translated German World War 2 Army Regulation about the medium tank company of the German Armor Branch. This regulation was issued following the successful campaigns in Poland, the Low Countries and France and encompasses topics such as tank crew specialization, training, formations, how to engage enemy positions and tanks, as well as cooperation with other units such as the light tank company, engineers and the infantry. In addition, key information on logistical aspects is given and a breakdown of the company's force organization can be found within H. Dv. 470/7.

This translation features a side-by-side German-English translation and remains true to the original's formatting. Footnotes and supplementary information were added to provide the reader with additional context and insight into the German Army structure, the meaning of various concepts and their modern equivalents.

Mehr Informationen auf: **http://www.hdv470-7.com/**

STUKA
The Doctrine of the German Dive Bomber

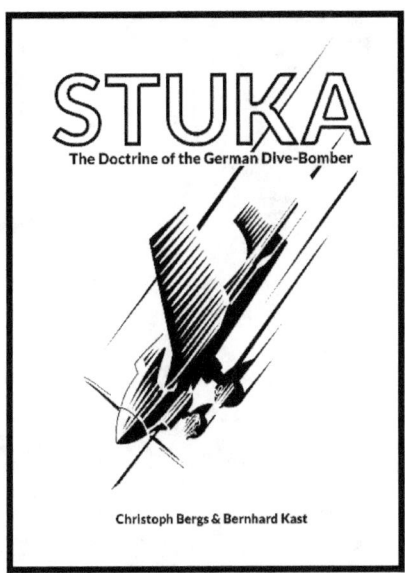

STUKA - The Doctrine of the German Dive-Bomber [English]
Christoph Bergs and Bernhard Kast

STUKA - The Doctrine of the German Dive-Bomber includes more than a dozen original Luftwaffe documents translated into English, alongside introductory essays that provide additional information and context. These documents have been carefully curated and gathered from various archives to provide you with the best foundation on the tactics, doctrine, organization, training and operational experience with the Junkers Ju 87 dive-bomber.

Inside Stuka - The Doctrine of the German Dive-Bomber you will find:
- A full organizational breakdown of a Sturzkampfgeschwader,
- the training manual on how to dive-bomb with the Junkers Ju 87,
- the tasks and roles of dive-bombers in the Luftwaffe,
- reports from operations in Poland, the Soviet Union and Crete,
- technical information and references,

as well as numerous essays on the Junkers Ju 87, its production, legacy and operation during the Second World War.

Mehr Informationen auf: **http://stukabook.com**

IS-2
Development, Design and Production of Stalin's War Hammer

IS-2 – Development, Design and Production of Stalin's War Hammer [English]
Peter Samsonov

The IS-2 is the quintessential Soviet heavy tank from World War 2. Heavily armored and boasting a fearsome 122mm gun, this tank matched the German panzers on the Eastern front by more than just its fierce appearance. This tank's history is told from the beginning of the Soviet heavy tank program until the very end of World War 2, in the most detailed and complete account of its development, design and production available in English.

Supported by extensive research of Russian language sources, this publication includes a comprehensive breakdown of prototypes, the Soviet analysis of weaknesses in German tanks including the Tiger and Panther, the development of the 122mm gun, the principles of the new tank's armor layout and a wealth of technical data.

Mehr Informationen auf: **http://is-2-tank.com/**

www.ingramcontent.com/pod-product-compliance
Lightning Source LLC
Chambersburg PA
CBHW062024220426
43662CB00010B/1458